# 直播创业

## 主播技能+文案脚本+引流运营+带货卖货

柏承能◎编著

清华大学出版社

北京

# 内 容 简 介

如何进行直播销售？如何快速成为网络主播红人，且收入破百万？

如何编写直播文案？如何引流和运营打造爆款商品，提升转化率？

以上这些问题，你都能从本书中找到答案！即便是直播带货小白，也能快速进行直播带货！

全书分为主播技能篇、文案脚本篇、引流运营篇和带货卖货篇四部分内容，通过对直播行业、主播技能、主播人设、直播脚本、直播内容、直播标题、获取流量、粉丝运营、直播营销、直播操作技巧、促单技巧和提升产品销量这 12 章内容进行介绍，来帮助读者全面提升直播带货的能力，让读者通过直播实现创业梦想。

本书内容丰富，结构清晰，适合想进入直播行业却无从下手的新人快速入门，也适合想通过直播带货获得收益的各大博主学习，同时，还适合想通过直播提高商品销量和品牌知名度的商家与企业学习。

**图书在版编目(CIP)数据**

直播创业：主播技能+文案脚本+引流运营+带货卖货/柏承能编著. —北京：清华大学出版社，2023.5

ISBN 978-7-302-63115-6

Ⅰ. ①直⋯ Ⅱ. ①柏⋯ Ⅲ. ①网络营销 Ⅳ. ①F713.365.2

中国国家版本馆 CIP 数据核字(2023)第 047575 号

责任编辑：张　瑜
装帧设计：杨玉兰
责任校对：周剑云
责任印制：曹婉颖

出版发行：清华大学出版社

网　　　址：http://www.tup.com.cn, http://www.wqbook.com
地　　　址：北京清华大学学研大厦 A 座　　　邮　　编：100084
社 总 机：010-83470000　　　　　　　　　邮　　购：010-62786544
投稿与读者服务：010-62776969, c-service@tup.tsinghua.edu.cn
质量反馈：010-62772015, zhiliang@tup.tsinghua.edu.cn

印 装 者：天津鑫丰华印务有限公司
经　　销：全国新华书店
开　　本：170mm×240mm　　　印　张：15　　　字　数：240 千字
版　　次：2023 年 5 月第 1 版　　　　　　　印　次：2023 年 5 月第 1 次印刷
定　　价：59.80 元

产品编号：099866-01

根据智研咨询 2022 年 7 月发布的"2022 年'618'全网成交额、京东'618'成交额、销售额排名前五的品牌及主播统计"显示，仅 2022 年"618"活动期间，全网直播电商的成交总额就达到 1445 亿元，同比增长 124%。

根据中商情报网 2023 年 3 月发布的"2022 年中国直播电商行业市场回顾及 2023 年发展前景预测"显示，2023 年中国直播电商用户规模预计达到 5.55 亿人，而 2023 年直播电商行业市场的总规模预计达到 37749.5 亿元。

由此可见，直播电商市场的发展前景依然非常可观，想进入这个行业的人数不胜数。但是，想实现直播创业梦想，通过直播获得可观收益并没有那么容易。直播行业涌入的新人太多了，没有差异化、专业化和竞争力的人很难崭露头角，被广大的用户看到和认识，更别提通过直播成就一番事业了。

因此，本书特意从主播技能、文案脚本、引流运营和带货卖货 4 个维度出发，用 12 章的内容帮助读者快速掌握直播带货技巧。

【第 1 章～第 3 章】：这部分内容为主播技能篇，主要帮助读者了解直播行业的基本概况、主播需要具备的技能和打造主播人设的方法，帮助读者更快进入角色，掌握主播必备的技能，成功打造出一个有影响力的 IP。

【第 4 章～第 6 章】：这部分为文案脚本篇，主要帮助读者掌握直播脚本、直播内容和直播标题的策划技巧，帮助读者打造出一个高质量的直播脚本。

【第 7 章～第 9 章】：这部分为引流运营篇，主要帮助读者了解获取流量、粉丝运营和直播营销的方法，帮助读者积累更多流量，提高直播间的人气。

【第 10 章～第 12 章】：这部分为带货卖货篇，主要帮助读者掌握直播操作和促单的技巧，以及提升产品销量的方法，帮助读者通过直播带货获得不菲的收入。

读者如果能够将书中的知识全部学会、学透，化为己有，在直播间直播时会更加得心应手，成为直播带货达人也就不在话下了。

需要特别提醒的是，在编写本书时，笔者是基于当时各平台和软件截取的实际操作图片，但是图书从编辑到出版需要一段时间，在这段时间里，软件界面与功能会有所调整与变化，比如有的内容删除了，有的内容增加了，这是软件开发商所做的更新，请在阅读时，根据书中的思路，举一反三，进行学习。

　　本书由柏承能编著，参与编写的人员还有李玲，在此表示感谢。由于作者知识水平有限，书中难免有错误和疏漏之处，恳请广大读者批评、指正。

编　者

# 目录

## 主播技能篇

第1章　认识直播行业 ..................3

1.1　了解直播行业信息 ..................4
　1.1.1　认识行业优势和不足 ..........4
　1.1.2　了解直播行业发展趋势 ..........6
1.2　认识主播类型 ..................7
　1.2.1　个人主播 ..................7
　1.2.2　机构主播 ..................14
　1.2.3　组团主播 ..................15
1.3　走进经纪公司 ..................16
　1.3.1　规范化运营 ..................17
　1.3.2　招聘合适的人员 ..................18
　1.3.3　经纪公司的作用 ..................18
　1.3.4　签订平等合约 ..................19
　1.3.5　实行淘汰制度 ..................20
　1.3.6　合理分配利益 ..................20
1.4　了解带货平台 ..................22
　1.4.1　淘宝平台 ..................22
　1.4.2　快手平台 ..................24
　1.4.3　抖音平台 ..................26
　1.4.4　微信平台 ..................27

第2章　培养主播技能 ..................29

2.1　培养直播思维 ..................30
　2.1.1　学会把握节奏 ..................30
　2.1.2　保持态度真诚 ..................31
　2.1.3　学习多种才艺 ..................31

2.1.4　深挖用户痛点 ..................36
2.1.5　深耕垂直领域 ..................36
2.2　提升各项能力 ..................37
　2.2.1　数据分析能力 ..................37
　2.2.2　掌握运营能力 ..................38
　2.2.3　供应支持能力 ..................39
　2.2.4　粉丝运营能力 ..................39
　2.2.5　内容创作能力 ..................40
　2.2.6　表达沟通能力 ..................41
　2.2.7　随机应变能力 ..................42
　2.2.8　心理承受能力 ..................44
　2.2.9　调节气氛能力 ..................44

第3章　打造主播人设 ..................47

3.1　了解主播人设 ..................48
　3.1.1　人设的定义和作用 ..........48
　3.1.2　选择和确定人设方向 ..........49
3.2　塑造主播形象 ..................51
　3.2.1　选择合适的服装 ..................51
　3.2.2　掌握化妆技巧 ..................52
　3.2.3　保持良好的精神面貌 ..........52
　3.2.4　了解直播角度 ..................53
3.3　打造个人IP品牌 ..................54
　3.3.1　了解IP属性 ..................54
　3.3.2　打造个人IP ..................57

## 文案脚本篇

第4章　策划直播脚本 ..................63

4.1　把握直播脚本的核心要素 ..........64
　4.1.1　明确直播主题 ..................65

4.1.2　做好直播场控 ..................66
4.1.3　做好人员调度 ..................68
4.1.4　控制直播成本 ..................69

4.1.5 合理安排活动 ...............69
4.2 了解脚本类型 ...............70
4.2.1 大纲脚本 ...............70
4.2.2 活动脚本 ...............71
4.2.3 单品脚本 ...............72
4.2.4 整场脚本 ...............72
4.3 梳理直播流程 ...............73
4.3.1 进行开场预热 ...............73
4.3.2 切入直播内容 ...............74
4.3.3 介绍直播产品 ...............74
4.3.4 和用户进行互动 ...............75
4.3.5 做好总结和预告 ...............75
4.3.6 做好复盘工作 ...............75
4.4 策划直播活动 ...............75
4.4.1 制定活动方案 ...............76
4.4.2 设计直播开场 ...............76
4.4.3 安排互动玩法 ...............78

第5章 规划直播内容 ...............81
5.1 了解策划思路 ...............82
5.1.1 确保内容准确和规范 ...............82
5.1.2 满足用户需求 ...............83
5.1.3 实现精准定位 ...............84
5.1.4 表达形象生动 ...............89
5.1.5 充分发挥创意 ...............89
5.2 掌握表达技巧 ...............90

5.2.1 文字通俗易懂 ...............90
5.2.2 删除多余内容 ...............90
5.2.3 少用专业术语 ...............92
5.2.4 突出重点内容 ...............92
5.3 安排互动环节 ...............93
5.3.1 设置抽奖目标 ...............93
5.3.2 设置整点抽奖 ...............94
5.3.3 设置问答抽奖 ...............95
5.3.4 设置限量秒杀 ...............96
5.3.5 制造"神秘黑盒" ...............98

第6章 构思直播标题 ...............101
6.1 关注必备要素 ...............102
6.1.1 加入点睛词汇 ...............102
6.1.2 突出重点内容 ...............103
6.1.3 不做"标题党" ...............104
6.2 了解标题要求 ...............106
6.2.1 遵守评判原则 ...............106
6.2.2 凸显直播主旨 ...............107
6.2.3 运用关键词 ...............108
6.3 掌握创作技巧 ...............108
6.3.1 流行型标题 ...............108
6.3.2 借势型标题 ...............109
6.3.3 提问型标题 ...............111
6.3.4 语言型标题 ...............114
6.3.5 了解常见误区 ...............116

## 引流运营篇

第7章 快速获取流量 ...............125
7.1 设置直播预告 ...............126
7.1.1 预告直播时间 ...............126
7.1.2 制作封面图片 ...............127
7.1.3 撰写直播标题 ...............128
7.1.4 设置直播标签 ...............129
7.1.5 设置直播位置 ...............129

7.1.6 挑选带货产品 ...............131
7.2 多平台引流 ...............131
7.2.1 利用社交平台 ...............131
7.2.2 进行店铺预热 ...............135
7.2.3 打造良好口碑 ...............136
7.2.4 组建平台联盟 ...............138
7.2.5 利用地推活动 ...............139

7.3 跨平台推广 ...................... 139
　7.3.1 公众号推广 ...................... 140
　7.3.2 QQ推广 ...................... 141
　7.3.3 软文推广 ...................... 145
　7.3.4 论坛推广 ...................... 146
　7.3.5 借势推广 ...................... 147

第8章 进行粉丝运营 ...................... 149
8.1 掌握运营方法 ...................... 150
　8.1.1 打造私域流量池 ...................... 150
　8.1.2 利用公域流量 ...................... 151
　8.1.3 实现用户转化 ...................... 152
　8.1.4 做好粉丝沉淀 ...................... 153
8.2 增强粉丝黏性 ...................... 153
　8.2.1 维护吸粉人设 ...................... 153
　8.2.2 打造个性化的语言 ...................... 154
　8.2.3 与粉丝互关 ...................... 155
　8.2.4 挖掘粉丝痛点 ...................... 155
　8.2.5 学会抓住热点 ...................... 157
8.3 提高直播间人气 ...................... 157
　8.3.1 了解平台政策 ...................... 157
　8.3.2 掌握实用技巧 ...................... 158
　8.3.3 细化用户标签 ...................... 159
　8.3.4 进行个性化推荐 ...................... 161

第9章 进行直播营销 ...................... 163
9.1 了解直播营销 ...................... 164

9.1.1 了解营销步骤 ...................... 164
9.1.2 了解营销的优点 ...................... 165
9.1.3 增强竞争力 ...................... 167
9.1.4 完美呈现产品 ...................... 168
9.1.5 突出使用效果 ...................... 169
9.2 认识营销种类 ...................... 170
　9.2.1 信息披露型 ...................... 171
　9.2.2 品牌宣传型 ...................... 171
　9.2.3 网红代言型 ...................... 172
　9.2.4 客服沟通型 ...................... 172
　9.2.5 娱乐活动型 ...................... 172
　9.2.6 淘宝店铺型 ...................... 172
　9.2.7 线上线下整合型 ...................... 173
9.3 掌握营销方法 ...................... 173
　9.3.1 运用高颜值 ...................... 174
　9.3.2 运用才艺表演 ...................... 174
　9.3.3 运用明星效应 ...................... 175
　9.3.4 采取利他思维 ...................... 175
　9.3.5 制作对比反差 ...................... 175
9.4 探索营销模式 ...................... 177
　9.4.1 在线教育模式 ...................... 178
　9.4.2 素人直播模式 ...................... 179
　9.4.3 垂直领域模式 ...................... 179
9.5 运用营销技巧 ...................... 179
　9.5.1 了解方案要点 ...................... 179
　9.5.2 规划营销方案 ...................... 181
　9.5.3 掌握引流方法 ...................... 182

## 带货卖货篇

第10章 掌握直播操作技巧 ...................... 187
10.1 掌握操作技巧 ...................... 188
　10.1.1 创建直播间 ...................... 188
　10.1.2 添加带货商品 ...................... 189
　10.1.3 设置商品卖点 ...................... 191

10.1.4 设置商品讲解卡 ...................... 192
10.1.5 设置主推商品 ...................... 193
10.2 运用平台功能 ...................... 195
　10.2.1 带货榜功能 ...................... 195
　10.2.2 录制高光功能 ...................... 196

10.2.3　设置提词功能 ...................197
10.2.4　闪购功能 ...........................199
10.2.5　绿幕大屏功能 ...................200
10.2.6　评论管理功能 ...................202
10.2.7　粉丝团功能 .......................203
10.2.8　数据分析功能 ...................203
10.2.9　自播诊断功能 ...................205

第 11 章　运用促单技巧 ....................207

11.1　运用销售话语 .........................208
11.1.1　介绍法 .............................208
11.1.2　赞美法 .............................209
11.1.3　强调法 .............................210
11.1.4　示范法 .............................210
11.1.5　限时法 .............................211
11.2　营造带货氛围 .........................211
11.2.1　开场打招呼 .......................211
11.2.2　给予时间压力 ...................212
11.2.3　进行暖场互动 ...................213

11.2.4　回复用户提问 ...................214
11.3　抓住用户需求 ........................216
11.3.1　用对销售方法 ...................216
11.3.2　解决用户痛点 ...................218
11.3.3　打造用户痒点 ...................219
11.3.4　满足用户爽点 ...................220

第 12 章　提升产品销量 ....................223

12.1　优化销售技巧 ........................224
12.1.1　优化点击率 .......................224
12.1.2　优化互动方法 ...................225
12.1.3　优化产品的转化率 ...226
12.1.4　优化复购率 .......................226
12.2　提升转化率 ...........................228
12.2.1　选择合适的主播 ...........228
12.2.2　选对带货产品 ...................229
12.2.3　锻炼销售技能 ...........230
12.2.4　活跃直播间气氛 ...........231

# 主播技能篇

# 第 **1** 章

# 认识直播行业

　　要想成为一名主播，首先就要了解直播行业的相关信息，然后选择合适的主播类型，并对直播类经纪公司和热门的直播带货平台进行了解。只有这样，才能对直播行业有一个全面而清晰的认识，打好直播创业的基础。

# 1.1 了解直播行业信息

直播带货可以说是现在很火热的一股潮流，越来越多的人开始从事直播这个行业，现在，直播已经形成了一套独特的运作模式。对于从事直播工作的人而言，首先需要了解的就是关于直播的行业信息，本节就来为大家进行介绍。

## 1.1.1 认识行业优势和不足

有人说，现在做直播已经不行了，直播的红利期早就已经过去了，这在笔者看来纯属无稽之谈。以前电商兴起的时候，有些人也说过类似的话，当所有人认为电商市场已经差不多饱和了的时候，拼多多横空出世。而现如今，网购已经成为人们日常生活的一部分，各大企业纷纷开设自己的网店。所以说，直播行业的兴衰和红利期没有关系，能够吸引粉丝才是关键。

电商普及之后，直播将其推向一个新的高度，那就是直播带货。在直播的早期，流量多，主播少，所以很容易火起来。随着做直播的人越来越多，直播平台对主播的要求也越来越高，但大家比拼的依旧是内容的优质程度和用户体验，因为内容为王，不管做直播的人有多少，优质内容永远不会缺乏关注。

有人说过这样一句话，笔者很认同："直播带货的第一步不是直播，而是内容。"你的直播是否会被平台推送，取决于内容的优质程度和用户的喜爱程度。因此，不要去管直播的红利期有没有过，"打铁还需自身硬"，先把内容做好再说。

直播带货兴起之后，很多企业把直播当作扩大品牌影响力，提高产品销量的制胜法宝，认为只要找一个头部主播或者网红大咖就能为自己带来巨大的销售业绩。但是，直播带货也时常出现"翻车"的情况，这是因为企业通常只看中主播的影响力和自带流量，而忽略了产品的质量和用户体验。

其实，直播带货的本质是一种销售方式，主播通过直播的方式，用丰富的话术和肢体语言生动形象地讲解产品，并和用户进行互动，解答他们的疑问，进而达成销售目标。

### 1. 直播带货的优势

直播带货作为一种新兴的销售方式，具有以下这些优势。

1) 打破空间限制

由于直播依托互联网，所以与传统商业模式相比，直播带货没有地域的限制，主播和用户都来自五湖四海。

2）　迅速带动产品销量

随着商业经济的发展，商品的种类越来越多，用户的选择也更加多样化，这导致用户的选择难度增加，而直播带货很好地解决了这一问题，因为主播会帮用户筛选出物美价廉的产品，减少用户选择的时间成本。

与短视频电商相比，直播加强了主播和用户之间的互动，有利于消费者更好地了解产品的亮点和功能。在直播的过程中，大多数用户购买商品是出于对主播的信任，这种信任拉近了彼此之间的距离，增加了用户的购买欲望。

对于企业和商家而言，直播带货大大减少了营销的时间成本。从品牌、产品的介绍，再到用户下单购买，整个过程被缩短到了十几分钟甚至几分以内。因此，和传统营销相比，直播带货迅速带动了企业的产品销量。

3）　推动品牌宣传

直播带货除了推荐产品以外，还能够增加产品所属品牌的曝光率。即使有时候无法获得理想的销售额，也会因为在直播中对产品的介绍和讲解，使其品牌得到传播和推广，从而提高产品的知名度。

例如，某主播在带货的过程中对华为的两部手机进行了详细的介绍，使其品牌受到了更多的关注，如图1-1所示。

图1-1　介绍产品

## 2．直播带货的不足

直播带货虽然有着诸多的优势，但也并非没有缺点。下面笔者就来分析一下直播带货的局限性，具体内容如下。

1）　品牌忠诚度不高

直播带货之所以能够获得那么高的产品销售业绩，很大一部分原因是商品的价格低廉。这样就会导致一个问题，即一旦该产品没有了价格优势，那么用户就很难再继续购买。

大多数用户是冲着主播个人去观看直播的，而并非品牌。再加上主播在进行直播带货的过程中介绍的产品品牌不止一种，因此，要想在短时间内形成对产品品牌的黏性并不容易，这也不是靠一两次直播曝光就能完成的。

2）降低品牌价值

前面说到绝大多数用户都是因为产品的低价而购买产品的，所以并不是所有品牌都适合直播带货这种销售模式。那些产品价格高的品牌就不太合适，如果这种产品在直播间进行售卖，势必要进行一定的降价才能吸引用户的购买，但这样会降低产品的品牌价值，给人一种"廉价白菜"的印象。

例如，当年小米手机虽然以其性价比高的优势获得了广大用户的喜爱，但是"性价比高"也成了小米公司提高产品价格、提升品牌价值的瓶颈，因为在人们的印象中，小米产品的标签就是"性价比高"，如果突然大幅度提高产品价格，实行高端产品战略，会让人一时之间难以接受。

品牌价值是一个品牌的核心，对于具有高品牌溢价的产品来说，在直播间进行降价促销，虽然获得了一时的产品销量，但是以牺牲品牌的长期利益为代价的。因此，势必会损害品牌价值。

3）产品体验感差

虽然在介绍产品的时候，主播会给用户亲自试用产品，并把自己对产品的体验和用户进行分享。但是消费者毕竟不能直接接触产品，如果遇到某些产品质量不过关、售后服务不好的商家和企业，那么"翻车"是必然的。

特别是在进行高价产品购买时，用户需要的是一对一的精准服务和实际的场景体验。然而，目前直播带货并不能给用户带来这样的体验，所以很容易出现主播在进行高价产品带货时，观众毫无兴趣的情况。

## 1.1.2　了解直播行业发展趋势

直播带货之所以如此火爆，是因为电商直播是新的流量蓝海。之前笔者讲过，直播带货的本质就是一种销售模式，通过镜头把产品展现给用户，然后让用户下单购买产品。直播提供了比传统电商更为丰富的产品展现形式，再搭配主播精彩的解说，使得用户的转化率大为提高。

直播带货之所以转化率高，是因为电商平台本身的用户都是精准流量。就目前的直播来说，无论是哪一种类型，要想实现变现的前提条件只有一个，那就是获取流量。只有获得的流量多，主播的带货能力强，才能取得不错的销售业绩。

前面笔者在分析直播带货的不足中讲过，直播带货用户的品牌忠诚度不高，而且还有可能会降低品牌的价值，所以，就目前的直播电商情况来看，基本上不可能通过主播带货来增加品牌的附加值。因此，直播带货这种模式对注重品牌经营的企业和商家来说没有太大的作用，它更注重当前盈利的企业。

例如，在某护肤品牌产品的直播带货中，某网红用全网最低价卖出了 87% 的销量，这对该品牌来说并不是一件非常有益的事情，虽然它获得了极高的产品销量，但给品牌价值造成了极大的损害。

综上所述，几乎所有主播的直播带货中，用户都只关注主播能否给他们带来物美价廉的产品，从用户的角度来讲是有利的，但对品牌方是不利的，因为用户在购买物美价廉的产品时，不会关注产品的品牌是什么，而是更关注产品的性价比高不高，因此品牌很难给用户留下印象。

说了这么多，有人不禁要问了：根据现在电商直播的行情和现状，直播带货的未来发展趋势是怎样的呢？对于这个问题，笔者根据自己多年的经验浅析如下。

（1）成为企业重要的营销方式。

就目前来说，直播是最接近线下实体店的一种销售方式了，我们可以在直播间进行各种产品展示、介绍和对比，这是营销方式的革新。

（2）内容成为直播的核心竞争力。

由于如今流量的获取成本越来越大，要想降低获取成本，获得源源不断的流量，具有创作优质内容的能力才是关键，只要能够持续地生产出优质的内容，那么就能吸引更多的流量。

（3）视频电商和直播带货相结合。

优质的短视频内容可以带来巨大的流量和用户，而直播能够增加与用户互动的机会，提高转化率，两者相结合可以获得更多的带货收益。

基于以上三点，我们可以看到，直播带货是一种有效的互联网营销方式。基于其互动性和及时性的优点，可以为社会创造新的消费市场。当然，目前直播带货才刚刚兴起，还有很多地方需要弥补和完善，从而更好地推动电商经济的繁荣发展。

## 1.2　认识主播类型

随着直播行业的发展，越来越多的人从事主播这个职业，而要想成为一名电商主播，首先就要了解主播的三种类型，即个人主播、机构主播和组团主播。这三种类型分别具有不同的特点，本节将详细地进行讲解。

### 1.2.1　个人主播

个人主播就是全程由个人进行操作的直播，需要自行申请纳税，对于新人阶段的个人主播来说，在流量和用户积累上有一定的难度。与其他类型的主播相比，个人主播的优势在于直播时间和内容的选择更加自由，收益只与平台分成；不足之处在于其收入不稳定，而且在直播中遇到的问题全部要依靠自己解决。图 1-2 所示为个人进行直播带货的直播间。

图 1-2　个人主播直播

个人主播需要自行选择适合自己的内容领域，可以根据自己的爱好、特长进行选择，选择好之后，还需要找到自己的目标用户，共同的爱好是粉丝来源的基础。此外，直播的内容也需要自己进行策划。

在进行个人直播前，需要做好相关的直播准备工作。接下来，笔者将从直播间的设备选择、装修布置和直播推广这三个方面来为大家详细介绍。

**1. 设备选择**

古语说："工欲善其事，必先利其器。"要想成为一名出色的主播，除了自身的才艺和特长之外，还需要有各种硬件设备的支持，包括摄像头、灯具、声卡和麦克风，以及网络宽带等其他设备。

1）摄像头

要想进行直播，摄像头是必不可少的，而摄像头的功能参数直接决定了直播画面的清晰度，并影响直播效果和用户的观看体验。那么，该如何选择一款合适的摄像头呢？我们主要考虑两个因素。

一个是摄像头的参数配置，配置越高，其所输出的视频分辨率就越高，呈现的视频画质也就越清晰。另一个是摄像头的价格，对于大多数普通人来说，购买任何东西都是要有预算的，此时产品的性价比就显得尤为重要。

2)　灯光

要打造一个漂亮的直播环境，就不得不提到直播间灯光效果的设置，这是打造直播环境的重中之重，灯光的设置直接影响主播的外观形象。

摄影是用光的艺术，直播也是如此。所谓直播就是通过摄像头将内容画面或自己的影像传递给屏幕前的用户，所以灯光尤为重要。为什么有的主播看上去光鲜亮丽，而有的主播则是黯淡无光呢？其原因就是灯光所造成的不同效果。

直播间的灯光类型主要分为五种，其作用如图 1-3 所示。

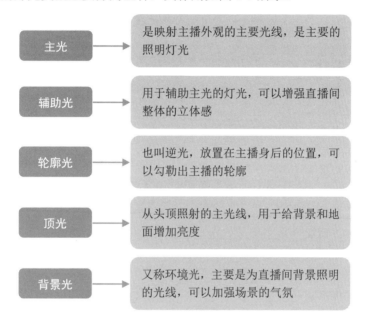

| 主光 | 是映射主播外观的主要光线，是主要的照明灯光 |
| 辅助光 | 用于辅助主光的灯光，可以增强直播间整体的立体感 |
| 轮廓光 | 也叫逆光，放置在主播身后的位置，可以勾勒出主播的轮廓 |
| 顶光 | 从头顶照射的主光线，用于给背景和地面增加亮度 |
| 背景光 | 又称环境光，主要是为直播间背景照明的光线，可以加强场景的气氛 |

图 1-3　直播间的灯光类型及其作用

以上五种灯光的设置是打造直播环境必不可少的，每种灯光都有各自的作用，主播需要进行不同的灯光组合来取得较满意的效果。灯光效果的调试是一个比较耗时的过程，需要耐心调试才能找到适合自己的灯光效果。

3)　声卡

直播实际上是一种视频和音频的输出，视频的输出靠的是高清的摄像头，而音频的输出得靠声卡和麦克风，这三样东西是直播设备的核心硬件。因此，不光要选择一个好的摄像头，选择一款好的声卡也尤为重要。

声卡主要分为内置声卡和外置声卡两种类型，下面笔者将对这两种声卡分别进行详细的介绍。

● 内置声卡：顾名思义，就是集成在台式电脑或笔记本主板上的声卡，现在我们新买的电脑都会预装内置声卡，只需要安装对应的声卡驱动就能使其正常运行。

- 外置声卡：需要通过 USB 接口或数据线连接在笔记本或台式电脑上，然后安装单独的驱动(有些外置声卡插入即可使用)，最后将内置声卡禁用，设置新安装的外置声卡为默认设备即可。

内置声卡和外置声卡的区别主要体现在以下三个方面，如图 1-4 所示。

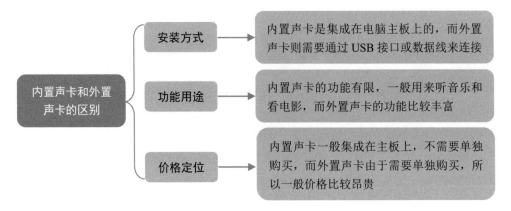

图 1-4　内置声卡和外置声卡的区别

4) 麦克风

麦克风俗称"话筒"，主要分为电动麦克风和电容麦克风两种，而电动麦克风又以动圈麦克风为主。当然，还有一种特殊的麦克风，就是我们在活动、会议上常见的耳麦，它是耳机与麦克风的结合体。

下面笔者就带大家分别来了解一下动圈麦克风(简称动圈麦)和电容麦克风(简称电容麦)各自的优点及缺点，如图 1-5 所示。

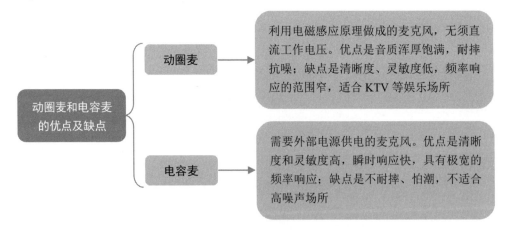

图 1-5　动圈麦和电容麦的优点及缺点

　　绝大多数主播直播时采用电容麦克风，它的质量决定了主播音质的好坏，从而影响直播的整体效果，所以选择一款高品质的电容麦克风对主播来说非常重要。

　　5）电脑和手机

　　就目前直播的方式来说，最常见的是用电脑或者利用手机进行直播。

　　在 4G 刚刚商用普及，而移动智能设备的用户数量远没有现在这么多的时候，直播对于普通人来说还是一个新兴的互联网行业。从事专业直播的人群一般来说都有一定的才艺技能、知识储备和经济能力，他们所采用的直播设备就是台式电脑或笔记本，而直播对于这类设备的配置要求都是比较高的，主播直播的体验与电脑的性能是成正比的。

　　下面笔者就来为那些想用电脑进行直播的新人主播，从电脑配件的各部分参数进行分析，来推荐合适的电脑设备，以帮助大家提升直播的体验。

- CPU(central processing unit/processor，中央处理器)：CPU 的性能对电脑的程序处理速度至关重要，CPU 的性能越高，电脑的运行速度也就越快，所以在 CPU 的选择上千万不能马虎或将就。一般来说，选择酷睿 I5 或 I7 的处理器即可满足需要。

- 内存条：在选择内存条的时候，应尽量选择容量大的。运行内存的容量越大，电脑文件的运行速度也就会越快。对于直播的需求来说，电脑内存容量不能低于 8GB，如果预算充足，选择 8GB 以上的内存条更佳。

- 硬盘：现在市面上流行的硬盘一共有两种，一种是机械硬盘，另一种是固态硬盘，这两种硬盘各自的优缺点如图 1-6 所示。随着科学技术的不断进步，现在固态硬盘的生产技术越来越先进、成熟，所以这也导致了固态硬盘的销售价格不断降低，容量单位也在不断扩大，也就不用担心选购固态硬盘的成本预算问题了。

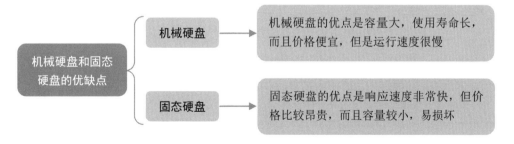

图 1-6　机械硬盘和固态硬盘的优缺点

- 显卡：体现电脑性能的另一个关键配件就是显卡，显卡配置参数的高低会影响电脑的图形处理能力，特别是在运行大型游戏以及专业的视频处理软件时，显卡的性能就显得尤为重要。电脑显卡对直播画面的显示效果也会有一定的影响，因而应尽量选择高性能的显卡。

随着移动通信技术的不断发展和 5G 时代的到来，手机的网速也越来越快。4G 网络普及后，手机的网速已经能够流畅地观看视频，这就为手机直播提供了必要的前提条件。

与电脑直播相比，手机直播的方式更加简单和方便，只需要一部手机，然后安装一款直播平台的 App 软件，再配上一副耳机即可进行直播。当然，如果觉得手持手机直播有点累，也可以为手机加个支架。

把直播当作一种生活娱乐方式的人或者刚入直播行业的新人适合用手机直播，因为手机的功能毕竟没有电脑强大，有些专业的直播操作和功能在手机上是无法实现的。因此，直播对手机配置的要求没有电脑那么高，不过对于手机设备的选购也是需要进行一番仔细的考虑和斟酌的。

手机的选购和电脑一样，也要稍微注意一下手机的配置参数，然后在预算范围内选择一款自己喜欢的手机即可。这里笔者就不具体推荐某一款机型了，如今的手机硬件和功能更新越来越快，而且市场也已经接近饱和，"手机饭圈化"现象十分严重，不同的手机品牌，同等价位的机型其参数配置以及功能几乎一样，只不过是换了个外观和名字而已。

以上就是关于电脑和手机的介绍及选购推荐。其实不管用什么设备进行直播，只要能为用户创造出优质且有趣的直播内容，就能成为一名优秀的主播。

6）其他设备

除了前面所讲的摄像头、灯光、声卡、麦克风、电脑和手机这些主要的直播设备之外，还有一些直播间的其他设备需要我们考虑到，比如网络宽带的要求、直播支架和监听耳机等。

（1）网络宽带。

直播主要是通过互联网与用户建立沟通和联系，所以没有网络是万万不行的，特别是对于专业做直播的主播来讲，必须在直播的地方安装一个网速足够快的宽带。而且直播对于流量的消耗非常大，即便是业余直播，也要在有 Wi-Fi 的环境下进行，不然光用流量的话，直播的成本会大幅增加。

目前，市面上的通信运营商主要有三家，分别是中国移动、中国联通和中国电信，这里大家根据自己的实际情况进行选择即可。至于宽带网速和套餐的选择，笔者建议至少选择 50MB 以上的宽带套餐。

毕竟直播间的网络状况决定了直播是否能够顺利地进行，如果宽带网速不给力，就会造成直播画面的延迟和卡顿，这不仅会严重影响主播的直播进程，而且会大大降低用户的观看体验感，导致用户中途离去，造成直播间人气的波动。

(2) 直播支架。

在直播的时候，不管是用电脑直播还是用手机直播，主播都不可能长时间用手拿着直播设备，这时候就需要用支架来进行设备的固定，让主播能更加轻松愉快地进行直播和互动。

关于直播支架，没有什么特定的产品或品牌来供读者参考，而且价格一般都很便宜，大家可以直接去淘宝、天猫等电商平台下单购买。

(3) 监听耳机。

在直播中，主播为了随时关注自己直播的效果，就需要用到监听耳机，以便对直播的内容进行优化和调整。监听耳机是指没有加过音色渲染的耳机，可以听到最接近真实的、未加任何修饰的音质，它被广泛应用于各个领域，例如录音棚、配音室等。

监听耳机主要具备两个特点：一是频率响应的范围足够宽、速度快，能保证监听的频带范围内信号失真尽量小，具有还原监听对象声音特点的能力；二是坚固耐用，容易维修和保养。

那么监听耳机和我们平时用的普通耳机究竟有什么不同呢？笔者总结了以下几点区别，如图 1-7 所示。

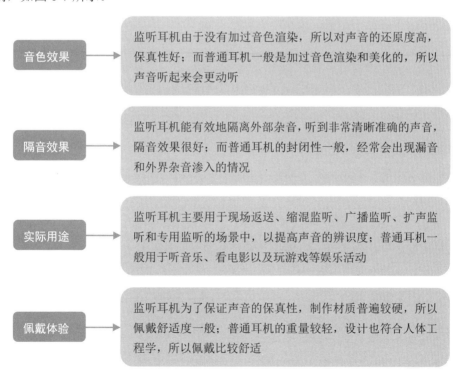

图 1-7　监听耳机和普通耳机的区别

关于监听耳机的选购，大家可以参照前面笔者说过的直播支架的购买原则，去电商平台搜索相应的关键词，选择自己喜欢和合适的产品即可。

### 2．装修布置

购买到直播需要的设备之后，接下来就到了最重要的环节，那就是设计一个符合自己直播风格的直播间，漂亮美观的直播间能提升用户观看直播的体验感，为主播吸引更多的粉丝和人气。那么，该如何打造较为完美的直播间呢？接下来笔者将从直播间空间的大小、背景的设计和物品的陈设这三个方面来详细分析直播间的装修布置。

1）　空间的大小

直播间的空间大小宜在 20～40 平方米，不能过大，也不能太小，空间太小不利于物品的摆放和主播的行动，太大会造成空间资源的浪费。因此，主播在选择直播场地时，应该根据自己的实际情况来调整空间大小。

2）　背景的设计

直播间背景的设计原则是简洁大方、干净整洁，因为用户对直播的第一印象取决于主播的形象，直播间的背景同样也能给用户留下深刻的印象，所以直播间的背景墙纸或背景布的设计风格可以根据主播的人设、直播的主题和直播的类型来选择，但注意不要过于另类或花里胡哨，以免用户产生反感。

3）　物品的陈设

和直播间的背景设计一样，直播间物品的摆放也是有一定讲究的，杂乱的房间布置会影响用户的体验感，甚至会让用户失去对直播间的兴趣。因此，主播在布置房间时要做到干净整洁，摆放物品时要做到合理分类、整齐有序，这样不仅能够在直播的时候做到有条不紊，还能给用户留下一个好的印象。

直播间物品的陈设一定要符合直播的风格或类型，这样才能提升主播的专业度和直播间的档次，吸引更多用户和粉丝观看直播，从而达到所需的直播效果。

### 3．直播推广

对于个人主播的直播推广，就是了解如何获得更多的粉丝量和点击率，最简单的方法就是密切关注平台的活动，利用平台的扶持计划来推广自己的直播。

## 1.2.2　机构主播

机构主播主要是依靠多频道网络(multi-channel network，MCN)机构。机构主播的优势在于其可以获得稳定的收入和专属的流量扶持，而且直播基础设备会由机构提供，节省了自行购买设备的支出。另外，机构还会对主播制订培养计划，并安排经纪人解决主播在直播中所产生的问题。不过，主播在选择机构时，需要仔细辨别其资质，防止被欺骗，尤其是在签订合同时，需要谨慎对待。

国内的 MCN 机构主要有内容生产型、内容运营型、广告营销型、知识付费型和电商内容型这五大类型，每个类型的机构运营涉及的重点都不同，如图 1-8 所示。

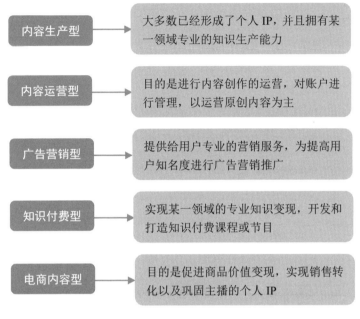

图 1-8　MCN 机构的五大类型

 专家提醒

　　IP 是 intellectual property 的缩写，中文意思为知识产权。

加入 MCN 机构是主播提升直播内容质量的不二选择，其好处主要有以下几点。

(1) MCN 机构可以帮助主播进行形象包装。

(2) MCN 机构可以帮助主播提升内容水准。

(3) MCN 机构可以帮助主播对接商务合作事宜。

(4) MCN 机构可以提供平台资源，增加主播的影响力。

## 1.2.3　组团主播

除了个人直播和依靠机构直播之外，我们还可以和其他人组成团队，进行多人直播或者分工合作运营，所获得的收入由团队成员分享。在电商平台的直播带货中，这种两人或多人一起直播的场景比较多。

团队合作直播有利于发挥每个人的价值，可以集思广益，生产出更优秀的直播内容，将直播效果做得更好。爆款 IP 和热门网红的产生，很多时候都需要团队成员共同打造，直播的运营也需要大家互相配合才能完成。

团队直播还有利于减少主播的工作量，如果想要搭建团队，那么就需要注意团队成员的选择和分工问题。团队成员的能力和个人素质不一定要最好，但一定要具备较高的水平，毕竟只有优秀、专业的团队才能发挥最大的效率。

另外，团队成员的分工和职责一定要明确，可以根据个人能力不同来安排工作任务，使每个人都各尽其能，扬长避短，职责的明确还有利于落实问责制度。以电商直播为例，团队一般有四个成员，他们的具体工作职责如图 1-9 所示。

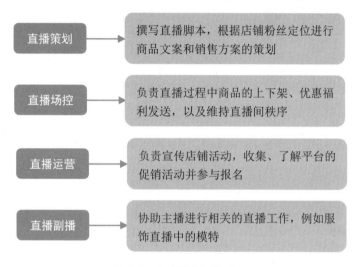

图 1-9　电商直播团队分工

具体的人员分工可以根据店铺粉丝量进行配置，对于小型的店铺来说，有主播和直播场控两个人就足够了。

## 1.3　走进经纪公司

直播市场的迅速扩张和直播经纪公司的运作是分不开的，经纪公司为直播市场承担了部分监管责任，在一定程度上确保了主播的直播质量，为直播平台提供了优秀的主播。本节将对经纪公司的运营要求进行介绍，让主播对经纪公司的运作有所了解。

# 1.3.1　规范化运营

在直播行业的发展中，经纪公司的运营结果就是主播与直播平台之间的紧密联系，主播借助直播平台进行内容直播，直播平台为主播提供展现舞台。其实，在具体的运营中，主播与直播平台并不是直接联系的，两者之间有一个连接纽带，那就是经纪公司。

经纪公司在直播行业的发展中扮演着非常重要的角色，它运营得好坏直接影响主播和直播平台，进而影响着整个行业的发展。那么，经纪公司应该怎样才能实现良好的内部运营呢？具体来说，可以从发展主播和业务拓展这两个方面入手，下面笔者将进行详细介绍。

## 1．发展主播

从这一方面来看，主播是从经纪公司走出来的，是通过经纪公司这一中介与直播平台产生联系的。因此，在电商直播行业领域中，经纪公司首先要做好的就是主播的专业培训。

主播在开始踏入直播领域时，一方面，他们需要进行直播内容方面的培训，特别是电商主播，更是需要详细、全面地了解直播带货的相关知识，而经纪公司就可以从这方面对主播进行专业培训。另一方面，他们还需要进行直播呈现方式的培训，也就是怎样把直播的主题内容更好地表现在用户面前，例如，用什么样的表达方法才能让用户更加容易接受和理解，怎样解决直播过程中遇到的诸多问题等。这些都是需要经过一定的培训过程，让主播在直播前就有所准备的。

## 2．业务拓展

在这个线上、线下结合的时代，怎样把直播这一线上的内容表现形式和业务方式推广到线下，实现线上到线下的渗透，已经成为一个适应时代发展需求的迫切问题。因此，经纪公司应该注重线下与线上的互动，例如，可以在线下进行线上直播的运营和宣传。

在互联网成为人们信息来源主要渠道的时代，怎样把互联网娱乐和传统娱乐结合起来，也成为直播行业发展的需要。因此，经纪公司应该寻找传统娱乐与互联网娱乐的接合点，将双方的优势进行最大限度的发挥，来更快地推进直播的发展。

总的来说，经纪公司通过在发展主播和业务拓展方面的规范化运营，将实现"三赢"的良好局面。规范化的运营方式能促进业务推广，与平台形成高效的对接，进而稳固经纪公司、直播平台和主播三者之间的关系。

## 1.3.2  招聘合适的人员

经纪公司对主播招聘的条件并不是很高，主要要求是能吸引用户关注。图 1-10 所示为某网站的主播招聘信息。

图 1-10  主播招聘信息

从图 1-10 的主播招聘信息中我们可以了解到，对于电商主播来说，经纪公司的招聘条件主要有以下几个方面，如图 1-11 所示。

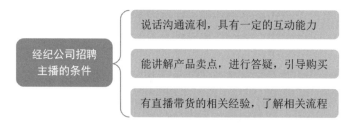

图 1-11  经纪公司招聘主播的条件

## 1.3.3  经纪公司的作用

经纪公司在直播行业的发展过程中所起的作用是非常大的，这主要表现在以下两个方面，如图 1-12 所示。通过这两个方面可以将经纪公司与主播以及直播平台更好地连接起来。

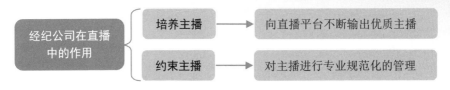

图 1-12  经纪公司的直播中的作用

以培养电商主播为例，经纪公司怎样才能打造一批直播平台所需要的带货达人，从而为公司业务的拓展和营销的发展提供助力呢？具体来说，经纪公司打造电商主播需要遵循一定的流程，包括培训、宣传、活动策划、巡场、销售和公关这六个环节。

而在这六个环节中，最主要的就是宣传和活动策划两个环节，并且这两个环节有着共同的目的，那就是扩大电商主播的影响范围。从某个角度来说，活动策划和巡场是宣传的延伸与发展。

# 1.3.4  签订平等合约

经纪公司与主播两者之间是一种平等的关系，并且双方之间的关系影响着各自的发展，因此，有必要以合同的形式来约束双方的行为。对经纪公司来说，它作为一个连接主播和直播平台的媒介，为了确保公司的发展，首先应该处理好和主播的关系。

在直播快速发展的情况下，主播可以选择的机会增多，由此出现了主播跳槽这种情况，主播跳槽会对平台和经纪公司产生不利影响，如图 1-13 所示。

图 1-13  主播跳槽的影响

而经纪公司和平台要想留住主播，就有必要通过一些方法来约束主播，签约就是其中必要的一项，这是利用法律法规来有效约束主播的做法。

经纪公司通过签约的方式来约束主播，对降低主播的流动性和保证平台内容的持续输出有着非常重要的作用。当然，这同时也是经纪公司实现高效运营的重要表现，有利于吸引直播平台的注意，保障公司业务的顺利推广。

不过要注意的是，经纪公司与主播的签约方式，约束的不仅是主播一方，还包括经纪公司。而且签约的双方在法律上是平等的，这就要求双方的权利和义务要基本对等，要实现双赢。

## 1.3.5 实行淘汰制度

实行淘汰制是从经纪公司的投入和产出的角度来考虑的。一般来说，经纪公司在培养新人主播方面需要花费大量的人力和财力，主要表现在寻找目标新人、主播技能培养、主播宣传推广和宣传活动组织这四个方面。

对于一般的经纪公司而言，它们动辄签约几十甚至上百名主播，在基数如此大的主播群体中，大多数的主播都是抱着"做一天和尚，撞一天钟"的心态，有少数主播可能会在相关领域获得一定的知名度，而有着极高知名度和受大量用户喜欢的主播更是屈指可数。

经纪公司也是企业，而企业经营的最终目的是营利。因此，在对主播的选择上，经纪公司要从成本的角度出发，淘汰那些不合格的主播，减少运营成本，合理地利用公司的资源，才能运营得更长久。

对于主播来说，"物竞天择，适者生存"，这不仅是自然界不变的法则，在当今竞争激烈的社会也是如此。因此，主播要有忧患意识，不断充实自己，提升自己的能力，才能使自己立于不败之地。

## 1.3.6 合理分配利益

前面笔者提到了主播跳槽的问题，主播跳槽更深层次的原因，那就是利益分配的问题。主播的收入来源是多样化的，主要有以下三类。

### 1. 主播薪资

在主播与经纪公司签约的时候，一般都会商定明确的薪资，这是主播稳定的收入来源，而且主播的薪资相比于多数职业来说已经比较高了，如图 1-14 所示。

### 2. 礼物打赏

粉丝给主播的礼物打赏收益是不固定的，这种收入来源具有不稳定性，收益的多少完全取决于粉丝的心情。那么，在电商直播中，用户如何来给主播打赏呢？以抖音直播为例，用户在主播直播间的下方点击 ■ 按钮，如图 1-15 所示；弹出"礼物"面板，❶选择一个礼物；❷点击礼物下方的"赠送"按钮，如图 1-16 所示，即可将这个礼物送给主播。

图 1-14　某网站的主播薪资参考

图 1-15　点击相应按钮

图 1-16　点击"赠送"按钮

### 3．广告收入

那些人气高、粉丝多的头部主播，往往是企业争相合作的热门对象。企业需要借助他们超高的人气和自带的流量来进行产品或品牌的营销宣传，而主播给企业进行推广所获得的收益就属于广告收入。

以上就是主播的三种主要收入来源，经纪公司要对主播的收入进行合理的利益分配，才能实现"互惠互利，双方共赢"，也只有这样才能促进直播行业健康稳定地向前发展。

# 1.4 了解带货平台

既然要进行直播带货，那首先得了解一下适合直播带货的平台有哪些。目前来讲，热门的直播带货平台主要有四个，分别是淘宝、快手、抖音和微信。本节笔者就对这四个平台逐一进行分析。

## 1.4.1 淘宝平台

淘宝作为一个老牌的电商平台，在直播行业刚兴起的时候就开创了"直播卖货"这种新的销售模式。2016 年，淘宝直播开通。2018 年 3 月，淘宝优化了淘宝直播在手机端的入口，使得淘宝直播的流量迅速增长，销售额突破千亿。图 1-17 所示为淘宝 App 中"淘宝直播"的入口和界面。

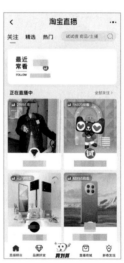

图 1-17 "淘宝直播"的入口和界面

在淘宝直播中，带货最多的商品种类是服装，但销售额最多的种类却不是它，而是美妆。这是因为美妆产品成交量大、客单价高和利润空间大，再加上淘宝的用户群体以女性居多，所以美妆产品的需求量大。虽然服装也符合上述条件，但是相对美妆而言，产品退货率较高。

淘宝直播带货的优势主要有以下几点，如图 1-18 所示。

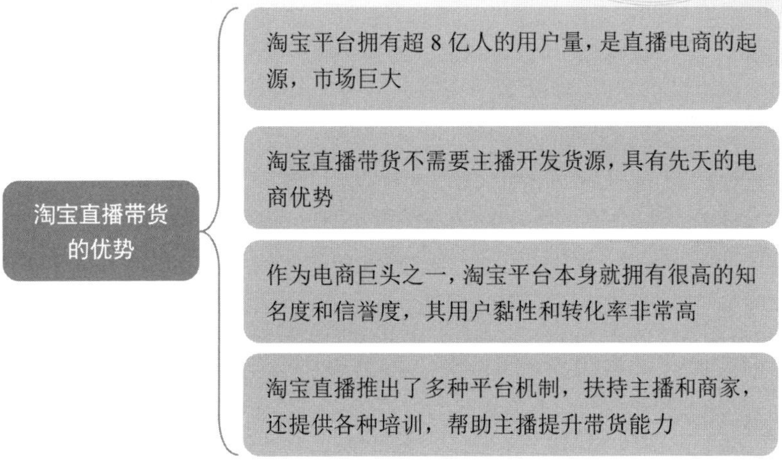

淘宝直播带货的优势

> 淘宝平台拥有超 8 亿人的用户量,是直播电商的起源,市场巨大

> 淘宝直播带货不需要主播开发货源,具有先天的电商优势

> 作为电商巨头之一,淘宝平台本身就拥有很高的知名度和信誉度,其用户黏性和转化率非常高

> 淘宝直播推出了多种平台机制,扶持主播和商家,还提供各种培训,帮助主播提升带货能力

图 1-18　淘宝直播带货的优势

淘宝直播的主播运营主要包括两个方面,即经验和专业。经验涉及的内容包括直播的次数和时间、平台活动的完成率以及用户留存率;专业涉及的内容包括直播栏目设置、有效宝贝投放、直播订单和用户转化率等。

2019 年 3 月,淘宝直播推出"主播成长"体系,主播可以通过这个体系了解自己的等级处在什么位置。淘宝主播等级能够反映主播的影响力和知名度,主播如果想要提升自己的等级,就需要积累经验值和专业分,也就是笔者上面所讲的主播运营的两个方面。下面笔者就来介绍获取经验值和专业分的方法,如图 1-19 所示。

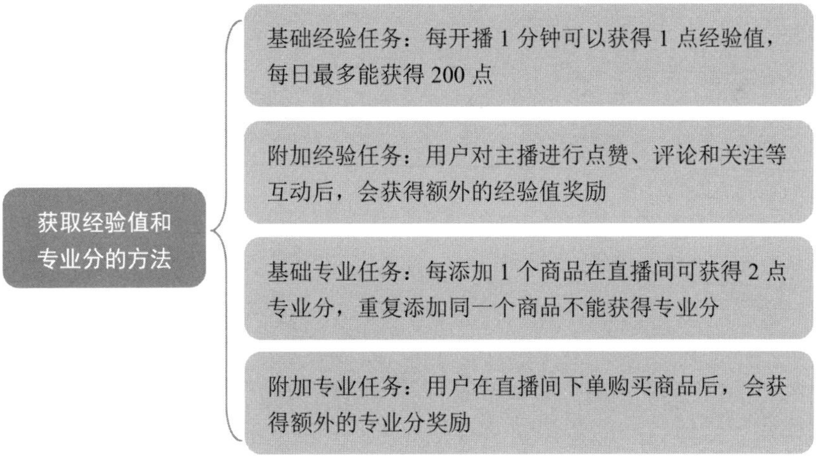

获取经验值和专业分的方法

> 基础经验任务:每开播 1 分钟可以获得 1 点经验值,每日最多能获得 200 点

> 附加经验任务:用户对主播进行点赞、评论和关注等互动后,会获得额外的经验值奖励

> 基础专业任务:每添加 1 个商品在直播间可获得 2 点专业分,重复添加同一个商品不能获得专业分

> 附加专业任务:用户在直播间下单购买商品后,会获得额外的专业分奖励

图 1-19　获取经验值和专业分的方法

淘宝直播对用户流量的分配主要有三个依据标准,如图 1-20 所示。

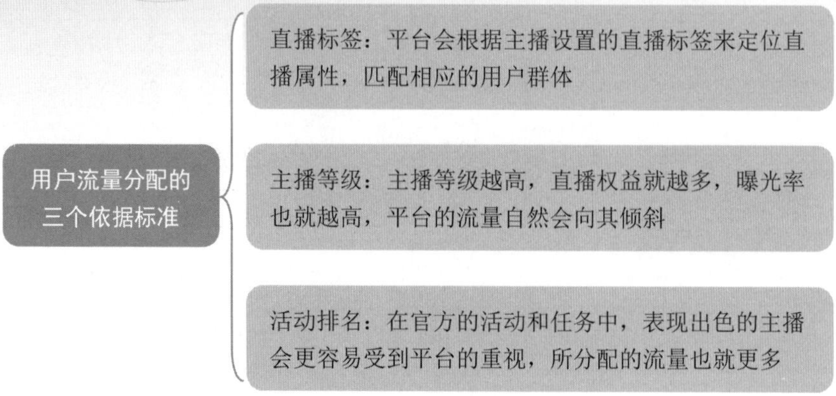

| | 直播标签：平台会根据主播设置的直播标签来定位直播属性，匹配相应的用户群体 |
|---|---|
| 用户流量分配的三个依据标准 | 主播等级：主播等级越高，直播权益就越多，曝光率也就越高，平台的流量自然会向其倾斜 |
| | 活动排名：在官方的活动和任务中，表现出色的主播会更容易受到平台的重视，所分配的流量也就更多 |

图 1-20　用户流量分配的三个依据标准

在激烈的流量竞争中，主播要根据以上三个依据标准来最大限度地获取淘宝直播平台的流量，这样才能成为顶级流量主播，获得更多的流量变现收益。

除此之外，在淘宝直播平台中，直播内容也是获取流量的重点。那么，主播该如何做好淘宝直播的内容呢？笔者建议从以下两点来入手，如图 1-21 所示。

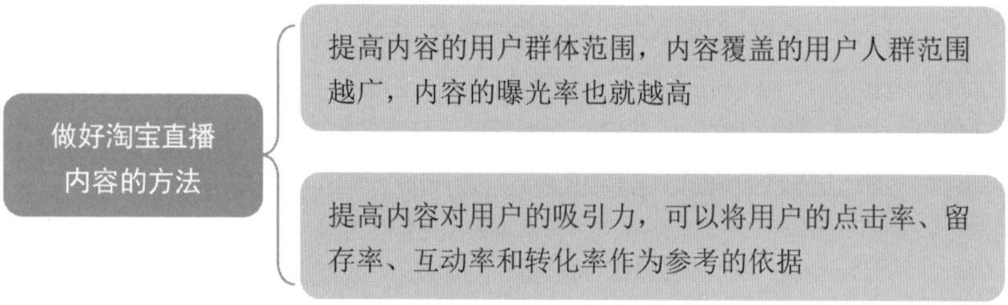

| | 提高内容的用户群体范围，内容覆盖的用户人群范围越广，内容的曝光率也就越高 |
|---|---|
| 做好淘宝直播内容的方法 | 提高内容对用户的吸引力，可以将用户的点击率、留存率、互动率和转化率作为参考的依据 |

图 1-21　做好淘宝直播内容的方法

总的来说，阿里公司对淘宝直播的审核是很严格的，对商家的资质、商品的真伪和地理位置都有一定的要求，不仅要审核带货的商品，还要审核直播方案的内容。

## 1.4.2　快手平台

2017 年，快手开通直播，它以打赏加带货的模式发展，虽然起步比淘宝晚，但是发展速度比淘宝还要快一些。快手直播的发展比较简单粗放，内容审核比较松，只要直播内容不违反法律即可。

众所周知，快手主打的是下沉市场，用户群体范围主要集中在三、四线城市，甚至是城镇和农村。快手电商的商品类型主要是低毛利率的尾货商品，其成交场所主要有淘宝、快手自营和拼多多等。快手直播带货的优势主要有以下几点，如图 1-22 所示。

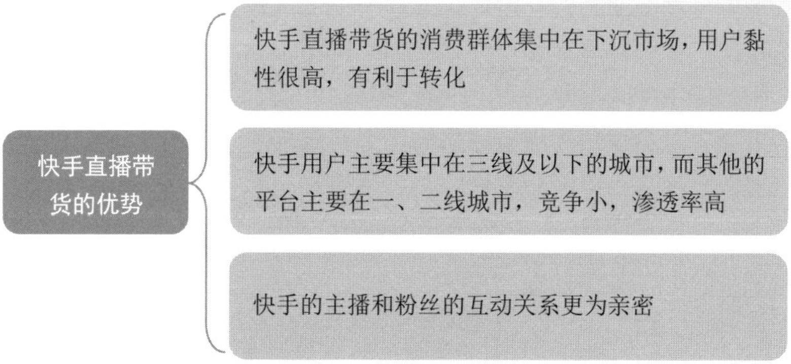

图 1-22　快手直播带货的优势

快手是根据用户的社交关注和兴趣爱好来推荐内容的，也是基于这个机制来为主播分配流量的。在快手中，用户关注喜欢的账号之后，就可以在"关注"界面中接收到运营者推送的内容。

快手平台的用户黏性之所以如此之高，是因为快手互粉推荐机制，也就是说，平台会根据用户关注的账号为用户推荐相关联的账号。平台推荐的账号一般有以下这四种来源。

(1)　根据用户关注的人推荐。

(2)　有多少位好友共同关注。

(3)　用户可能认识的人。

(4)　附近的人。

快手独特的内容生态、社区气氛奠定了直播带货的基础，其内容生态的真实性使主播很容易就能取得粉丝的信任。除了内容之外，相比其他平台的主播而言，快手主播更加注重与粉丝的互动，这使得快手主播的粉丝黏性和忠诚度非常高。

快手粉丝经济最突出的表现就是互动秒榜机制，具体操作是用户给主播一直刷礼物，获得该主播礼物榜单的第一名后，主播为了感谢用户，会让自己的粉丝团关注用户，而这时用户就可以借助主播的人气卖货，这种互利互惠的模式有利于快手电商和直播带货的发展。

在快手直播带货平台中，主播更加注重产品的性价比和产品直销。因为快手的用户群体是三、四线城市的消费者，与一、二线城市的用户不同，三、四线城市用户的消费购买力比较低，这些用户非常看重产品的性价比。主播在卖货时需要告诉用户产品的价值和价格的优势，讲品牌没有太大的作用。

另外，快手打通了全部的电商渠道，比如淘宝、天猫、京东和拼多多等。利用外部电商平台的成熟运营体系来保障商家和消费者的权益，通过主播直播带货，对接货源和用户，做到商品和用户的高度匹配。

淘宝直播平台看重的是头部主播，而快手更加注重腰部主播。为此，快手一方面激励主播创作出更多的优质内容，另一方面提供多种功能和工具，帮助腰部主播快速获取粉丝，实现转化和变现。

不过，虽然快手直播在主播的用户黏性上占据优势，但是直播电商最为重要的是产品的复购率和质量把关问题。产品一旦出现质量问题，就会引发客户对主播和平台的信任危机，这是快手需要进一步完善的地方。

# 1.4.3  抖音平台

抖音在各大直播带货的平台中，算是涉足比较晚的一个平台了，而且抖音与专业的电商平台相比，不那么占优势。另外，由于抖音是以算法为流量分配导向的平台，它的粉丝黏性没有快手高，并且用户群体大多为一、二线城市的消费者，他们的选择有很多，不容易冲动消费。

虽然如此，在抖音平台进行直播带货还是有一定优势的。首先，抖音的直播门槛很低，抖音的直播购物车可以添加抖音小店、淘宝、京东和当当等各大平台的商品链接，也可以将直播间的商品链接分享到微信朋友圈和 QQ 空间等社交平台中。除此之外，抖音直播带货还有两个优势，如图 1-23 所示。

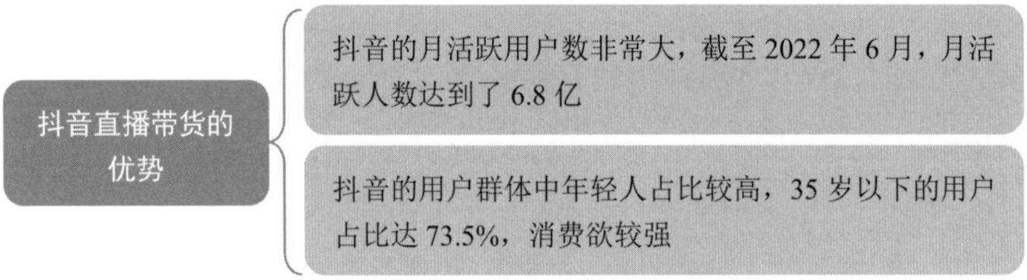

抖音直播带货的优势

抖音的月活跃用户数非常大，截至 2022 年 6 月，月活跃人数达到了 6.8 亿

抖音的用户群体中年轻人占比较高，35 岁以下的用户占比达 73.5%，消费欲较强

图 1-23　抖音直播带货的优势

前面笔者讲过，抖音的流量分配是以算法为导向的，也就是所谓的"重算法，轻粉丝"，它基于今日头条的推荐算法机制，这个推荐算法包含内容、用户和场景这三个核心要素，具体内容如图 1-24 所示。

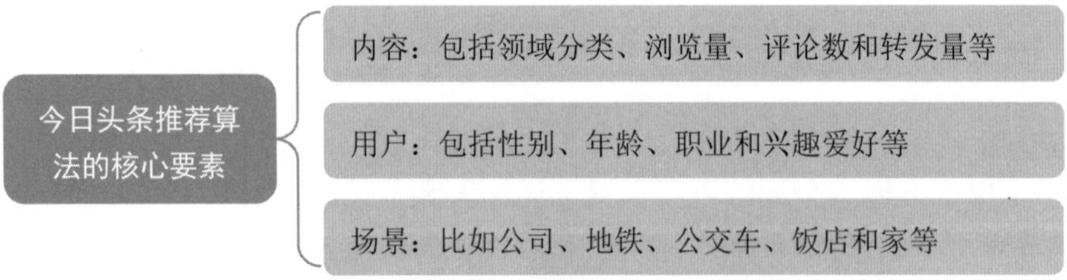

今日头条推荐算法的核心要素

内容：包括领域分类、浏览量、评论数和转发量等

用户：包括性别、年龄、职业和兴趣爱好等

场景：比如公司、地铁、公交车、饭店和家等

图 1-24　今日头条推荐算法的核心要素

## 1.4.4　微信平台

2020 年 1 月，微信推出了视频号业务，正式加入短视频行业的激烈竞争中。2020 下半年，视频号还上线了直播功能，已开通视频号的主播可以直接在微信平台进行直播，不再需要像以前一样只有借助其他 App 和小程序才能进行直播，减少了主播开播和用户观看直播的烦琐程序。直播间还支持分享和插入小商店链接，为主播进行直播带货提供了极大的便利。

虽然视频号初期只是进行内测，能加入的主播数量比较少，但随着视频号的正式上线和各项功能的不断完善，微信直播带货也迅速发展起来。2022 年 7 月，微信正式上线视频号小店，成功打造了视频号这个从内容到商业变现的一体化平台，微信直播带货也将迎来一拨发展高潮。

总的来说，微信直播带货的优势有以下三点。

(1) 巨大的流量池。

从 QuestMobile 2022 年 7 月发布的 "2022 中国移动互联网半年大报告" 中，我们可以看到，截至 2022 年 6 月，微信的月活跃用户达到 10.16 亿，而视频号的月活跃用户规模突破了 8 亿，成功超越了抖音和快手。不难看出，微信庞大的用户群体可以为直播带货带来一拨免费且巨大的流量，加快了主播的流量积累进程。

(2) 流量获取成本低。

主播在微信平台上进行直播带货，除了可以获得带货收益，还能收获大批的粉丝，而这些粉丝可以直接转化成主播的私域流量，这样获取流量的速度很快，而且获取成本也很低。

(3) 用户流失率低。

用户在其他带货平台中购买直播商品时，往往还需要再跳转到别的平台才能完成购买，用户购买商品的程序烦琐，也增加了用户的时间成本。

而用户在微信直播中购买商品，从观看直播到查看商品，再到下单支付，整个购买流程都能在微信内部完成，无须跳转到其他平台，用户的购物体验自然不错，下次继续在微信直播进行购物的可能性也就更大了。

综上所述，微信的生态环境非常适合打造私域流量，而私域流量的高转化和高复购的特点使得使微信在电商直播领域的发展潜力非常大。

# 第 2 章

# 培养主播技能

　　掌握直播的各种技能对于主播来讲是十分必要的，只有提升了主播的各种基本能力，才能将直播做好。本章主要从培养主播的直播思维和提升主播的基本能力两方面来介绍如何快速提升主播的直播能力，做一名合格的主播。

# 2.1 培养直播思维

作为一个刚进直播行业的新人主播，要想快速获得更多的粉丝，就需要培养自身的直播思维。下面笔者就来介绍最常见的五种直播思维，以帮助新人快速掌握直播的技巧。

## 2.1.1 学会把握节奏

对于一个新人主播来说，学会控制直播间的场面、把握直播的节奏是首先要具备的技能。大多数主播在刚开始直播的时候，观众人数肯定非常少，再加上自己没有什么直播的经验，就会经常出现冷场的情况。

此时，如果主播只是被动地回答用户的问题，不积极主动地寻找话题，一旦用户想要了解的问题都得到满足之后，就会不再提问或者离开直播间，那么场面就会变得十分尴尬。

基于上面几种情况，新人主播在刚开始直播时一般都没有自己是主角的感觉，反倒有点像"打酱油的"，这样怎么可能吸引更多用户前来观看呢？因此，主播要做到在整个直播的过程中始终牢牢控制直播间的主动权。

要想掌控直播间的主动权，主播除了回答用户问题之外，还需要会寻找话题。用户一般是为了给自己寻找乐趣、打发时间才来到直播间的，如果主播只是被动地等待用户制造话题，那用户当然会觉得一点意思都没有。这就好比看电视节目，无聊的节目内容只会让观众失去兴趣，然后立马换台。

如果主播一个人就能掌控全场，从诗词歌赋到人生哲理，各种话题都能够侃侃而谈，那么用户的注意力就会被牢牢吸引住。而要想达到这种效果，就需要主播在平日里花时间和精力去积累大量的话题素材。

另外，主播可以根据每天直播的话题设置不同的主题，同时让粉丝参与话题互动，这样不仅能提高直播间的活跃度，还能让用户觉得主播知识渊博、专业靠谱，很容易会对主播产生崇拜之情，这样主播就比较容易控制直播间的场面和气氛了。

除了控制直播间的场面，还有一种情况也需要主播高度重视，那就是突发情况的应对。而其中最常见的情况就是对于极个别故意在直播间带节奏、与主播唱反调对着干的用户，对于这种情况，主播一定要心平气和、冷静理智，不要去回应他们任何的言语攻击，毕竟群众的眼睛是雪亮的，孰是孰非大家心里都有一杆秤，所以主播只需要在谈笑间将捣乱的人踢出直播间即可。

学会控制直播场面能够快速提升新人主播对直播的自信心，让主播有一种掌控全局的满足感，激发主播继续直播的动力，让主播将直播顺利圆满地完成并取得成功。

## 2.1.2　保持态度真诚

有的新人主播经常问笔者这样一个问题："我想做直播，但是没有高颜值怎么办？"虽然在各大平台中的确有很多高颜值的主播，但不靠颜值吃饭却依然火爆的主播也大有人在，因此，笔者觉得颜值并不能完全决定直播的效果和主播的人气。

那什么才是快速吸引粉丝的关键呢？直播是一场关于人与人之间的互动交流，所以关键还是在于人。如果经常看直播的话就不难发现，那些人气火爆、粉丝众多的主播不一定拥有很高的颜值，但是他们普遍拥有较高的情商，非常善于与人沟通交流，不管是认识的还是不认识的用户都能说上话。

对于新人主播来说，直播最重要的就是学会与人互动，让用户时刻感受到主播的热情和走心的服务。当粉丝需要倾诉时，就认真听他诉说并安慰他，尽量聊粉丝感兴趣的话题，与粉丝建立共同语言。

只有把粉丝当成朋友来对待，把他们放在心上，主动去了解他们关心的事物，才能让粉丝感受到主播的真诚，从而增进彼此之间的感情，增强粉丝对主播的信任、黏性和忠实度。

在虚拟的网络世界，主播要想维护和粉丝之间的感情就得靠自己的真心和诚意。粉丝之所以会给主播刷礼物很大一部分原因是其人格魅力，是主播的真诚打动了他们，所以他们才会心甘情愿地为主播买单。

感情是沟通出来的，礼物是通过和粉丝交心交出来的，刷礼物代表了粉丝对主播的喜爱和认可，也只有粉丝自愿主动地打赏，才能说明粉丝观看的直播体验很好。很多新人主播在刚开播时，为其刷礼物的也只有身边的亲朋好友，正因为这层关系，他们才刷礼物以表示支持。

因此，平时主播下播之后要多去关注给你刷礼物的粉丝的动态，让粉丝感觉到你很关心他，让他觉得自己是有存在感的，这样不仅能使彼此之间的感情更加牢固，还能获得相应的尊重。

## 2.1.3　学习多种才艺

对于新人主播而言，要想进行一场精彩的直播，光有真诚是不够的，还要有能力，也就是说，作为一名主播，要学习多种才艺来获得观众的喜爱和认可。才艺的种类非常多，主要的才艺类型有唱歌跳舞、乐器表演、书法绘画和游戏竞技等。不管你学哪种才艺，都能为你的直播吸引更多的粉丝。当然，如果你全部都能学会，那就更好了。下面笔者就来分别介绍几种才艺类型的直播。

### 1. 乐器表演

乐器表演是吸引观众观看直播的一种很好的方法，乐器的种类有很多种，但最主流的乐器表演是弹奏钢琴。图 2-1 所示为钢琴表演的才艺直播。

图 2-1　钢琴表演的才艺直播

上面案例中的钢琴演奏直播内容并不是枯燥的钢琴演奏知识，而是某一首歌曲的弹奏教学，这样很容易让用户产生看完直播就能学会弹奏这首歌曲的感觉，从而增加用户的观看兴趣。

如果主播想进行乐器类产品带货的直播，那就可以先用产品来表演才艺，在给观众表演的同时也展示了产品，更有利于用户的转化。图 2-2 所示为钢琴产品带货的直播间。

图 2-2　钢琴产品带货的直播间

## 2．书法绘画

书法绘画类的才艺表演要求主播的作品必须足够优秀和好看，才能吸引用户的注意力，获得用户的欣赏和赞美。图 2-3 所示为某主播进行绘画演示的直播。

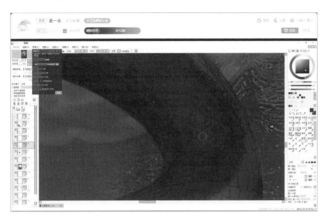

图 2-3　绘画演示的直播

如果主播想直播和绘画、美术相关的产品，就可以先用作品来展示产品的使用效果，这样不仅秀出了自己的才艺，更能让观众直观地了解产品。图 2-4 所示为画纸产品带货的直播间。

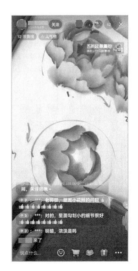

图 2-4　画纸产品带货的直播

## 3．游戏竞技

游戏竞技类的直播可谓是最常见，也是最主流的直播类型，虎牙、斗鱼这一类的直播平台都是以游戏直播为主。如果主播喜欢玩游戏，对主流的热门游戏(例如《英雄联盟》《绝地求生》《穿越火线》等)有深入的了解，并且游戏战绩还不错，对游戏的操作和玩法也有自己独到的见解，那么就可以做游戏直播来吸粉。图 2-5 所示为某主播的《英雄联盟》游戏直播。

图 2-5　游戏直播

如果主播想进行电竞周边产品(如游戏鼠标、机械键盘和电竞椅等)带货的直播，就可以亲自使用产品向观众证明游戏体验感，使产品更具有说服力。图 2-6 所示为鼠标产品带货的直播间。

图 2-6　鼠标产品带货的直播间

### 4．唱歌跳舞

基本上每个人都会唱歌，只是好听与难听的区别，而对于那些天生嗓音比较好听的主播来说，就可以充分利用自身的优势来为自己吸粉。还有那些喜欢跳舞的主播也可以利用自己优美的舞姿吸引用户前来观看。图 2-7 所示为某主播的唱歌教学直播。

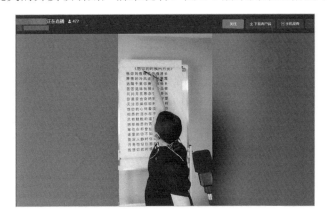

图 2-7　唱歌教学直播

擅长唱歌的主播可以进行和唱歌有关的产品带货直播，例如麦克风、唱歌教学课程和声卡设备等。图 2-8 所示为声卡套装产品带货的直播间。

图 2-8　声卡套装产品带货的直播间

不管是什么类型的才艺表演，只要主播的才艺能够让用户觉得耳目一新，能够吸引用户的兴趣和注意力，并且为主播的才艺打赏喝彩，那么主播的直播就是成功的。在各大直播平台上有无数的主播，只有向用户展示主播独特的才艺，并且主播的技术或者作品足够精彩和优秀，才能抢占流量，在众多主播中脱颖而出。

学习多种才艺对主播的个人成长和直播效果的提升有很大的作用，这也是主播培养自己直播技能最重要的方法之一。另外，主播在带货时也可以根据自己擅长的才艺类型，选择与之相关的产品，进行直播带货。

## 2.1.4  深挖用户痛点

在培养主播专业能力的道路上，最重要的一点就是抓住用户的痛点和需求。主播在直播的过程中要学会寻找用户最关心的问题和感兴趣的点，从而更有针对性地为用户带来有价值的内容。挖掘用户痛点是一个长期的过程，主播需要注意以下几点，如图 2-9 所示。

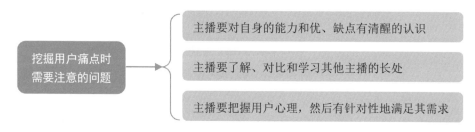

图 2-9  挖掘用户痛点时需要注意的问题

主播在创作内容时，要以这些痛点为标题来吸引用户的关注，弥补用户在现实生活中的各种心理落差，让他们在直播间中得到心理安慰和满足。

## 2.1.5  深耕垂直领域

仔细观察那些热门的主播不难发现，他们的直播内容具有高度垂直的特点。例如，有的专注于电商直播带货领域，有的专注于游戏直播。什么是垂直呢？垂直就是专注于一个领域来深耕内容，领域划分得越细，直播内容的垂直度就越高。

其实，对于所有的内容创作领域而言，都非常注重账号内容的垂直度，它会影响账号权重的高低，也影响平台对发布内容的推荐，更重要的是还会影响用户对内容创作者专业程度的判断。也就是说，内容的垂直度越高，吸引过来的粉丝群体精准度就越高，也就越优质。

那么对于主播来说，该如何来打造自己高度垂直的直播内容呢？笔者建议主播拥有一门自己最擅长的技能。俗话说："三百六十行，行行出状元。"只有深挖自身的优势，了解自己的兴趣特长所在，才能打造属于自己的直播特色。

主播找到自己最擅长的技能和领域之后，要不断地去深耕这个方向的内容，垂直化运营。例如，有的人玩游戏的水平很高，于是专门做游戏直播；有的人擅长画画，于是在直播中展示自己的作品；有的人热爱时尚美妆，于是直播分享化妆技术和教程。

只要精通一门专业技能，然后依靠自身的专业技能来垂直输出直播内容，那么吸粉和变现就会变得轻而易举。当然，主播在直播之前还需要做足功课，准备充分，才能在直播的时候从容不迫，最终取得良好的直播效果。

# 2.2　提升各项能力

对于新人主播来讲，从各个方面提升自身的基本能力是打好直播基础的重要前提。本节主要介绍主播需要提升的九项能力，来帮助新人主播全面提升直播的能力，完成"脱胎换骨"的转变。

## 2.2.1　数据分析能力

数据分析能力是主播必备的基本能力之一。那么，直播的数据分析包括哪几个方面的维度呢？笔者总结了以下几项，如图 2-10 所示。

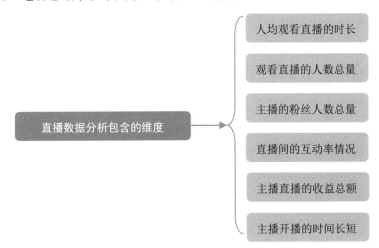

图 2-10　直播数据分析包含的维度

众所周知，我们要进行数据分析就必须借助一些数据统计平台或者数据分析工具，借助这些平台和工具，我们不仅可以清楚自身的账号运营情况，还能对比和了解其他主播的账号数据。因此，笔者在此就给大家推荐一个直播数据的分析平台和工具，那就是新榜。

新榜是一个专业的分析的平台，它不仅提供数据分析、营销方案、运营策略和账号交易等服务，还针对不同平台推出了对应的数据分析工具，方便主播更快、更精准地了解自己平台的数据排行。例如，新榜针对抖音平台推出了新抖这个数据分析工具，主播在这里可以查看平台主播的带货数据。图 2-11 所示为直播销售额的日排行榜。

图 2-11　直播销售额的日排行榜

## 2.2.2　掌握运营能力

既然入驻了直播平台，成了一名主播，就要掌握直播的平台运营能力。那么直播平台运营的主要内容有哪些呢？具体内容如图 2-12 所示。

图 2-12　直播平台运营的主要内容

对于新人主播来说，笔者建议先把一个直播平台运营好再去考虑其他平台，最好不要同时签约两个直播平台，否则可能要支付巨额的违约金。

## 2.2.3 供应支持能力

供应支持能力指的是主播直播带货背后的产品供应链，其主要是针对电商直播这一类型来说的。像那些顶级流量的带货主播，他们之所以能取得如此惊人的产品销售业绩，其关键因素在于拥有完整且成熟的产品供应链和专业的直播运营团队。

那么，主播应该如何建立稳定的产品供应链呢？笔者根据自己的经验，给直播带货的主播提供以下几条建议，如图 2-13 所示。

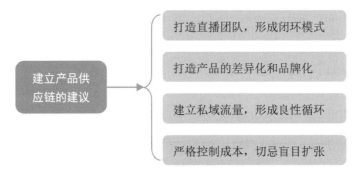

图 2-13 建立产品供应链的建议

对于电商主播而言，要么是自己寻找拥有货源的产品供应链厂家进行合作，要么就是自己本身就是电商商家，能独立生产产品。不管是哪种情况，主播在选择商品时一定要注意价格和品质这两个方面，只有产品价格足够低、质量足够好，才能引起消费者的购买欲望。另外，主播选择的产品一定要符合绝大多数人的需求。

## 2.2.4 粉丝运营能力

对于主播来说直播最重要的就是粉丝，只有粉丝数量不断增加，主播和粉丝之间的情感关系越来越好，才能实现变现，为主播带来收益。因此，主播要学会系统地运营和管理自己的粉丝，以便实现效益最大化。

那么，主播应该如何有效地进行粉丝运营，维护和粉丝之间的关系，增强粉丝对主播的忠诚度呢？关于直播粉丝运营的方法和技巧主要有三个方面，具体内容如下。

### 1．满足粉丝的心理需求

很多人都有自己喜欢的明星或偶像，也曾经有过追星的经历，特别是如果得到了和自己偶像互动的机会或者其个性签名，往往会激动不已，从而使自己的虚荣心得到极大的满足。之所以会有这种现象是因为粉丝对偶像的崇拜会让其产生一种成就感，主播和粉丝之间的关系也是如此。因此，主播要想办法满足粉丝的这种心理需求，这样就能进一步加深粉丝对主播的喜爱程度，从而达到粉丝运营的目的。

### 2．建立粉丝群

要想更好地管理和维护粉丝，最直接、有效的方法就是建立粉丝 QQ 群或微信群，同时设置几名管理员或者助理帮助主播运营粉丝群。主播平时有空就可以到粉丝群和群成员交流互动，还可以举办群活动调动粉丝的参与度和活跃性，增进彼此之间的情感和信任。

另外，主播在直播的时候可以将自己的粉丝群号码留在直播公屏上，以便不断地将新的粉丝引流至粉丝群，搭建自己的私域流量池。

### 3．举办粉丝线下见面会

举办粉丝线下见面会能满足粉丝和主播近距离接触的愿望，有利于主播更直接地了解粉丝的需求，进一步加深彼此之间的联系，凸显主播平易近人的同时，还能增强粉丝黏性和主播的影响力。但是，出于对双方的安全考虑，主播尽量不要与某个粉丝单独约在线下见面。

## 2.2.5　内容创作能力

直播内容的创作是每个主播所必须具备的能力，提升主播的内容创作能力也是做好直播的关键。毕竟，在这个流量巨大的互联网时代，内容为王，只有为观众提供优质内容的主播，才能抢占更多的流量份额，从而获得更多的流量变现收益，将自己的直播事业发展壮大。

主播要想提升内容创作的能力，就必须在平日里多积累直播素材，努力学习各种专业知识和技能，不断充实自己，开阔自己的视野，这样主播在策划直播内容时才会有源源不断的创作灵感，持续地输出优质的直播内容。

主播要想把自己的直播事业做得更长久，就千万不能原地踏步、故步自封，而是要不断地推陈出新，生产出有创意的内容，让观众看到主播的能力和努力。

## 2.2.6　表达沟通能力

主播在与粉丝互动的过程中一定要十分注意自己的一言一行，这是由于作为一名公众人物，主播的言行举止会对观众和粉丝产生影响，尤其是那些顶级流量的网红主播。此外，主播还要避免讲一些可能会对用户造成心理伤害的玩笑。

主播在与粉丝沟通交流时要考虑以下三个问题，如图 2-14 所示。

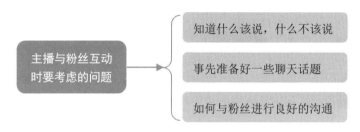

图 2-14　主播与粉丝互动时要考虑的问题

注意说话的时机和听话人的心理状态是反映一个人良好的语言沟通能力的重要表现，因此，主播在说话之前都必须把握好用户的心理状态，考虑对方的感受。

举个例子，在现实生活当中，当你向某人提出意见或请求时，如果他当时正在气头上，那么你说什么他都听不进去；如果你选择在他遇到好事而高兴的时候讲，他可能就会欣然接受，马上答应你的请求。由此可见，同一个话题，在不同的说话时机和听话人不同的心理状态下，会产生两种不同的结果。

总而言之，只有选对说话的时机，才能让用户接受主播的意见，这样双方的交流互动才会更有效果。

除了要把握说话的时机之外，学会倾听也是主播在和粉丝沟通交流中必须养成的习惯。懂得倾听别人说话是尊重他人的表现，这样做能使主播快速获得用户的好感，同时在倾听的过程中也了解了用户的需求，可谓一举两得。

在主播与粉丝的互动过程中，虽然表面上看起来好像是主播在主导话题，但实际上是以粉丝的需求为主。主播想要了解粉丝的需求和痛点，就一定要认真地倾听他们的诉求与反馈。

主播在和用户沟通交流时，姿态要谦和，态度要友好。聊天不是辩论比赛，尽管每个人的观点主张都不一样，但没必要分出对错输赢。主播要明白，人与人之间交往最重要的是彼此尊重、互相理解，有的时候对的观点并没有用。

主播在与用户互动的时候，应该做到以下三个要点，如图 2-15 所示。

在主播的直播互动过程中，有时候会遇到这样的用户群体，他们敏感、脆弱，容易发脾气，容不得别人说他们的不是，否则就会觉得自己的尊严受到了侵犯，这是典型的"玻璃心"用户，也就是我们常说的自卑心理。

图 2-15  直播互动的三个要点

对于这类人，笔者在现实生活中也遇到过，所以笔者根据自身的经验给主播的建议是尽量不要去触碰他们的敏感神经，不予理睬就好。因为这类人的典型特征就是完全以自我为中心，听不进他人意见，也不会顾及他人感受。如果他们无理取闹，扰乱直播间的正常秩序，必要时可以将其踢出直播间。

## 2.2.7  随机应变能力

随机应变是一名优秀的主播所要具备的能力，因为直播是一种互动性很强的娱乐活动，粉丝会向主播提出各种各样的问题，对于这些问题，主播要在脑海中快速找到应对的技巧。

如果粉丝问的是关于主播年龄、真实姓名和兴趣爱好等隐私类的问题，那么主播可以根据自己的意愿，选择性地进行回答。如果粉丝问的是关于知识专业类的问题，主播知道的就应予以回答，不知道的完全可以大方地表明自己对这个问题不是很了解，千万不要不懂装懂，这样不仅会误导粉丝，还会降低主播在粉丝心中的形象和地位。反之，大方地承认不懂，不仅不会影响粉丝对主播的看法，反而会让他们觉得主播很诚实。

当然，学会随机应变的前提是主播在直播前要做好充分的准备。例如，对于进行专业课程教学的直播，主播在直播前就要把相关的知识点全部梳理一遍。如果直播时要制作案例，主播还需要在直播前实际演练一遍，既能避免在直播时出错，又能对制作过程中用户可能会提出的问题提前进行总结和准备，以便在直播过程中更好地进行答疑解惑。图 2-16 所示为某主播关于给排水平面布置的直播教学课。

再比如进行户外旅行的直播，主播不一定要有导游一样的专业能力，对任何问题都能对答如流，但也要在直播之前把旅游地点的相关情况了解清楚。图 2-17 所示为旅游直播的相关画面。

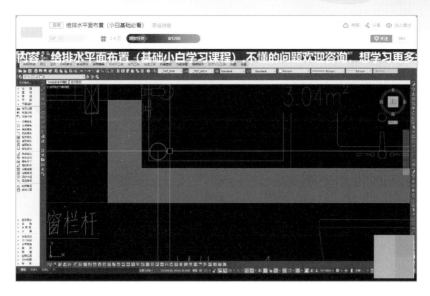

图 2-16　给排水平面布置的直播教学课

图 2-17　旅游直播画面

　　主播在回答粉丝提问的过程中，如果涉及当下社会热点事件，一定要谨言慎行，充分思考之后再回答，如果是正面积极的事件，那就予以肯定和提倡；如果是负面敏感的新闻，最好不要发表任何观点或看法，想办法转移话题。

　　因为每个人的思想价值观、对事物的看法和主张都不一样，主播无法保证自己的观点一定是客观正确的，弄不好可能会误导舆论方向，对社会造成一定的影响。总之，主播身为公众人物一定要对自己的言行负责，谨防影响力失控。

## 2.2.8 心理承受能力

在直播的过程中，主播难免会遇到各种突发状况，此时非常考验主播的应变能力和心理素质。一般在直播中遇到的突发状况主要有两种，一种是客观发生的，还有一种是主观人为的。接下来笔者就这两种情况通过案例来具体分析。

### 1. 直播突然中断

主播是通过互联网与用户建立联系的，想要直播就必须搭建好网络环境。有时候主播会因为一些不可抗拒的客观因素而导致直播无法正常继续下去，比如网络波动、突然停电而断网等。

面对这种情况主播不要惊慌失措，应该马上用手机重新连接进行直播，或者在粉丝群告知用户直播中断的原因，向用户真诚地道歉，并给予一定的补偿，粉丝得知缘由就会体谅主播，不会因为这次的小意外而不愉快。

### 2. 突发事件处理

客观的突发情况一般来说发生的概率比较小，更多的还是人为导致的突发情况，比如一些讨厌主播的人或恶意竞争的同行，为了干扰主播的正常直播，故意在直播间和主播唱反调，破坏直播间的秩序，影响主播的直播节奏，从而影响直播的效果。

这类现象在各个行业都存在，主播需要做的就是一旦在直播间出现这样故意捣乱的人，要迅速做出反应，先好言相劝，如果他不听再将其踢出直播间。面对人为的突发情况，主播要具备良好的心理素质，从容不迫地应对和处理，这样才能使直播继续顺利进行下去，而不会影响直播的整体效果。

例如，在某演讲大会上，某演讲者正在兴致勃勃地给观众演讲，突然一个手拿矿泉水的观众走上台，把整瓶矿泉水直接从演讲者的头上倒下，导致演讲者非常狼狈。但是最让人佩服的是，该演讲者在面对这种尴尬的突发情况时淡定自若，反应过来之后整理了一下发型，擦掉脸上的水，对泼水的那个观众心平气和地说了一句："你有什么问题？"随后迅速调整状态，继续演讲，他的这种表现获得了在场所有人的称赞和掌声。当然，那个肇事者也马上被安保人员控制了。

主播们应该多多向案例中的这位演讲者学习，锻炼自己面对突发情况时这种稳如泰山的强大心理素质，这样才能把直播做得更好。

## 2.2.9 调节气氛能力

由于直播的时间一般来说比较长，所以在直播的过程中不可避免地会出现偶尔冷场的情况，这是因为不管是主播还是观众，都无法一直保持高昂的情绪和高度集中的注意力，时间一久难免会产生疲惫的感觉。而此时就需要主播想办法调节直播间的气氛，调动用户的兴趣和积极性。那么，主播应该如何调节直播间的气氛，避免冷场呢？可从以下几个方面来做，如图 2-18 所示。

图 2-18　调节直播间气氛的方法

# 第3章

## 打造主播人设

对于主播来说，人设形象的打造是非常重要的，只有给粉丝留下一个好的印象，才能获得他们的信任，从而更好地进行转化。此外，主播还需要打造自己的品牌 IP，来扩大自身的影响力。

# 3.1 了解主播人设

随着直播行业的快速发展，入驻直播平台的主播不计其数，但在众多的主播中，能给用户留下深刻印象的主播却非常少，原因在于大部分主播都没有一个属于自己的清晰的人设和定位，而清晰的人设和定位又是打造个人风格特色，形成自己品牌和 IP 最为重要的条件。

通过对比那些顶级流量的网红主播不难发现，这些主播身上都有一个共同特征，那就是拥有属于自己的个性鲜明且非常受欢迎的人设，这是他们区别于其他普通的网红或主播的原因之一。那么什么是人设呢？人设的作用又是什么呢？究竟该如何来打造适合自己的人设呢？本节笔者就来为大家一一揭晓。

## 3.1.1 人设的定义和作用

所谓人设是指人物形象的设定，通过设计人物的外貌特征、服装样式、身份背景、性格特点以及行为习惯等方面来营造自己在别人心中的印象。人设的概念最早起源于日本动漫产业的人物设定，是动画创作术语，后来被引用到剧本和故事的创作中，现在被普遍应用于个人形象的打造，尤其是娱乐明星。

人设的目的就是吸引特定的群体，比如大家说某人的性格积极乐观、善良宽容，非常受别人的欢迎和喜欢，当他得到这种评价越来越多、越来越久时，就会自动地去维持这种形象和表现，于是这种性格就变成了他的人设。

"人设"这个词在娱乐圈非常流行，明星之所以要给自己设立人设就是为了吸引特定的粉丝人群。因为如今粉丝对明星的消费选择是基于个人的爱好，"萝卜青菜，各有所爱"，明星一个人是很难满足所有人的喜爱和需求的。因此，明星需要打造自己特定的人设，垂直化运营，投其所好。

不仅是明星要给自己设立人设，普通人也会有意无意地给自己设立人设，比如给自己贴上宅男、学霸或吃货等标签。我们建立人设最常用的手段就是发朋友圈，通过分享自己的思想价值观、情绪喜好和生活场景来提升自己在他人心目中的形象，获得更多的关注和认可。

在人际交往的过程中，设立人设有利于快速建立人际关系，大家可以根据各自身上的标签来选择适合自己的人交往。毕竟，"物以类聚，人以群分"，在这个信息爆炸的时代，别人一般是没有时间来慢慢了解你的，为了高效地给别人留下印象，所以需要事先设立好自己的人设。

对于主播来说，设立人设的目的是管理和控制观众对自己所形成的印象，这个过程在心理学上被称为"印象管理"。由于网络的虚拟性，要让用户了解完整、真实的主播形象是不可能的，所以主播就需要集中方向打造出一种讨喜的、特定的人设来让用户快速地记住自己。

主播打造自己的人设就像是进行商品包装，为自己贴上个性化的标签，而用户则凭借主播身上的标签来找到自己喜欢的主播，并对他产生认同。主播的人设是最容易辨识的标签，建立人设才能与用户产生联系和互动，尽管这种人设可能和主播的真实形象不一样，但也比什么特点、个性都没有的主播要好。

积极正面的人设能够给用户留下一个好的印象，为主播快速地吸引粉丝。不得不承认，人设如果运营得好，对主播的作用是非常大的。下面是抖音平台上两个主播在自己账号简介中设立的人设，如图 3-1 所示。

图 3-1　主播账号简介里的人设

从上面的两张图中我们可以看到，左图主播给自己设立的人设是"一个平平无奇省💰小能手🤙"，右图主播设立的人设是"95 后奋斗小青年"。

当然，凡事有利必有弊，如果人设过于完美无缺，严重脱离自己真实的形象，一旦哪一天关于自己的某个负面消息曝光，就会导致长期苦心经营的人设崩塌。这种事情在娱乐圈的明星身上尤为常见，这里笔者就不举例了，主播也要引以为戒。

## 3.1.2　选择和确定人设方向

了解了塑造人设的重要性之后，我们再来详细说说，作为一个新主播，应该如何选择和确定自己的人设方向。每个主播身上都有自己的闪光点，而将这个闪光点挖掘出来，就能吸引一批粉丝，让用户都喜欢你。因此，找到自己的优势和定位是确定直播内容类型和人设方向的前提。

塑造一个人设其实也不难，比如现在视频号、微博和小红书等许多平台的穿搭主播，他们化着时下最流行的妆容，拥有着令人赏心悦目的面容和身材，穿上自己家的服装，再进行多角度拍摄。很多人在看到主播拍的照片或视频后都会心动，进而做出购买行为。

但实际上，并不是主播的衣服好看，而是主播们利用自身的外貌优势，吸引了大众的目光，抓住了用户"也想变美"的心理，让大家都想买一件回来"试试看"。

因此，在开播之前，主播要找到自己的优势，确定人设方向。主播可以是能让人轻松记住的"明星脸"，也可以是人美声甜的"邻家妹妹"，还可以是多才多艺的"文艺青年"。下面笔者列举三种人设的类型，以供大家参考，如图3-2所示。

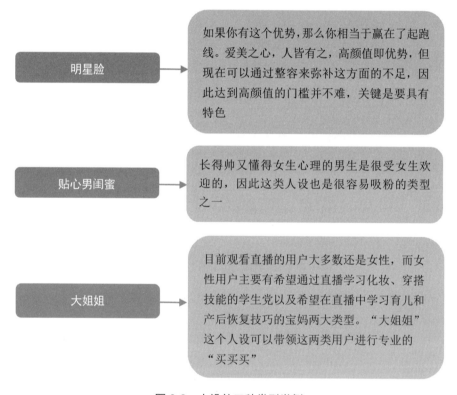

**明星脸** → 如果你有这个优势,那么你相当于赢在了起跑线。爱美之心,人皆有之,高颜值即优势,但现在可以通过整容来弥补这方面的不足,因此达到高颜值的门槛并不难,关键是要具有特色

**贴心男闺蜜** → 长得帅又懂得女生心理的男生是很受女生欢迎的,因此这类人设也是很容易吸粉的类型之一

**大姐姐** → 目前观看直播的用户大多数还是女性,而女性用户主要有希望通过直播学习化妆、穿搭技能的学生党以及希望在直播中学习育儿和产后恢复技巧的宝妈两大类型。"大姐姐"这个人设可以带领这两类用户进行专业的"买买买"

图 3-2　人设的三种类型举例

综上所述，根据自身优势确定人设方向是每一个新主播在开播前就应该完成的，这也是成为一个优秀主播的前提。

## 3.2 塑造主播形象

在直播行业中，对主播来说个人形象的塑造是非常重要的，特别是对于一些需要真人出镜的直播而言，主播的外貌着装和形象气质在很大程度上影响着直播间的人气和直播的效果。

当然，颜值和外貌是相对的，古人云："以色事人者，色衰而爱弛，爱弛则恩绝。"美貌会随着时间的流逝和年龄的增长而不复存在，所以作为一名主播不能只靠颜值，还得有一定的才艺技能和人格魅力，这样直播事业才能做得长久。为了帮助主播打造高颜值的形象外貌，本节笔者将从以下四个方面来分别讲述。

### 3.2.1 选择合适的服装

俗话说："佛靠金装，人靠衣装。"一个人的穿着打扮能体现他的整体气质，对于主播来说则更是如此。不同的服装搭配能给人不同的视觉感受，主播可以根据直播的主题和内容来选择合适的服装风格，这样不仅能满足不同用户群体的需求，还能给自己的直播增添丰富的色彩。

需要注意的是，并不是所有的主播都能对服装进行百搭，有些主播由于外貌、身材和年龄的限制只能适用于一两种服装搭配风格，如果强行尝试其他类型风格的衣服，则会显得不自然和不协调，反而降低了主播的颜值。

对于主播的服装搭配选择来讲，应该从自身条件、搭配协调和用户观感这三个方面的因素来考虑，如图 3-3 所示。

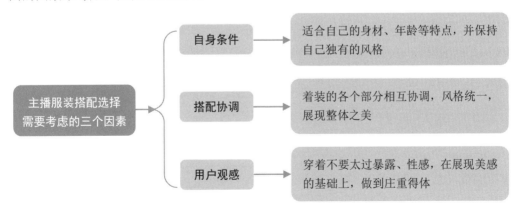

图 3-3 主播服装搭配选择需要考虑的三个因素

另外，主播的发型也是一个要特别注意的地方。对于女主播来说，不管是长发还是短发，选择自己喜欢和适合的风格就好，但需要注意头发尽量不要染色，也不能显得凌乱，要自然干净；至于男主播，一般有刘海会显得比较阳光帅气。

## 3.2.2 掌握化妆技巧

除了服装搭配，接下来最重要的环节就是化妆了，化妆是绝大部分爱美的人必备的技能之一。恰当的妆容能让高颜值的人更完美地展现自己的魅力，也能使长得一般的人的颜值得到提高。主播要想吸引更多的用户观看直播，就得学会化妆技巧，而且相对于整容这类提高颜值的方法来说，化妆具有以下几个优势，如图 3-4 所示。

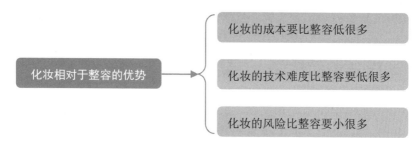

**图 3-4　化妆相对于整容的优势**

但是，主播的妆容也有需要注意的地方。在美妆类直播中，妆容是为了更好地体现其产品效果，因此需要夸张一些，以便更好地衬托其效果。在其他的直播中，主播的妆容就应该考虑用户的观看体验，可以选择一些比较容易让人接受的，并且不会带给人强烈视觉冲击的妆容。

一般来说，用户选择观看直播，其目的之一是获得精神上的放松，让自身心情愉悦，因此，主播妆容的第一要求也是唯一要求就是让人赏心悦目，所以主播可以选择与平台业务相符又能展现主播最好一面的妆容。

当然，主播的妆容还应该考虑其自身的气质和形象，因为化妆本身就是为了更好地表现其气质，而不是为了化妆而化妆。

## 3.2.3 保持良好的精神面貌

有这样一种说法："自信、认真的人最美。"从这一句话可以看出，人的精神面貌会影响一个人的颜值。而所谓的精神面貌，其实指的就是一个人的精气神。主播的精神面貌反映了主播的精神状态，如果精神状态好，那么相应也会有不错的直播效果；如果主播的精神状态不佳，那么直播效果就有可能会大打折扣。

因此，主播在直播的时候，要以积极、乐观的态度来面对用户，并在直播间内充分展现其对生活的信心。再加以认真、全心投入的态度来完成的话，那么就能让用户充分感受到主播的精神面貌，从而欣赏主播敬业的美，并由衷地感到信服。

## 3.2.4　了解直播角度

不同类型的主播所选择的直播角度不同，所呈现给用户的直播效果就会不一样。下面笔者就来给大家介绍直播中几种常见的直播角度。

### 1. 近距离和远距离

近距离的直播角度能突出产品或主播的细节画面，远距离的直播角度能展示直播间的基本全貌，如图 3-5 所示。

图 3-5　近距离和远距离的直播角度

### 2. 正面和侧面

主播用正面直播可以营造出一种朋友间聊天的氛围，拉近与用户的距离；而主播用侧面直播可以让用户的注意力更多地集中在产品上，如图 3-6 所示。

其实，还有一种特殊的直播方式，那就是不露脸直播，这种直播在游戏直播中比较常见，这样做的好处是不仅能让用户全神贯注地观看直播内容，又能给主播营造一种神秘感，让用户对主播的外貌产生强烈的好奇心。

图 3-6　正面和侧面的直播角度

# 3.3　打造个人 IP 品牌

主播除了要塑造好人设和个人形象之外，还应该打造属于自己的 IP 品牌，那些顶级流量的头部主播之所以能创造惊人的销售业绩，很大部分是因为自身 IP 品牌所带来的影响力。本节笔者就来给大家讲解如何打造个人 IP 品牌。

## 3.3.1　了解 IP 属性

全世界都在谈论 IP，那么 IP 究竟是什么？简言之，IP 就是招牌。它是当今互联网营销的一种重要手段和模式。为了更好地了解主播如何通过直播平台进行营销，我们有必要事先了解主播需要具备的七种 IP 属性。

### 1. 传播属性

随着移动互联网的飞速发展，网络上各种内容的传播速度不断加快，作为一个 IP，无论是人还是事物，都需要在社交平台上拥有较高的传播率。只有在互联网得到广泛传播，才能符合一个强 IP 的标准。

一个强大的 IP 所必需的属性就是传播，只有传播的范围广，才能造成更全面、更深层次的影响，从而得到更多的利益回报。这也是主播需要注意的地方，只有在各个不同的平台推广自己，才能成为影响力更强的 IP。

同时，口碑也是 IP 传播属性的重要体现环节。所谓口碑就是人们对一个人或一个事物的评价。很多时候，人们的口耳相传往往比其他宣传方式更加有效、真实。

### 2．内容属性

如果一个 IP 想要吸引更多平台的用户，就应该打造优质并且真正有价值的内容。在如今这个"营销当道"的社会，内容的重要性是不言而喻的。随着时代的发展和平台的多样化，内容生产的自由度越来越高，这也导致内容变得多彩多样、个性十足。

面对如此繁杂的信息内容，用户不免有些阅读疲劳。那么，该如何吸引用户的眼球呢？这就需要主播时刻把握市场的动态，关注用户的需求，然后生产出相应的内容，打造出一个强大的 IP。

除此之外，内容属性与年轻群体的追求也是分不开的。一个 IP 是否强大，主要是看它塑造出来的内容是否符合年轻人的喜好。成为一个强 IP 不仅内容要有质量，还要无限贴近年轻人的追求。主播也是一样，创造的内容要优质且有价值，才能吸引广大年轻群体的目光。

### 3．情感属性

一个 IP 的情感属性容易引起人们的情感共鸣，能够唤起人们心中相同的情感经历，并得到广泛认可。主播如果能利用这种特殊的 IP 属性，那么将会受到更多用户的追捧。

直播创作也是如此，情感类的直播内容是一个很好的创作方向，只有具有情感属性的 IP 才能引起用户和粉丝的情感共鸣，吸引更多流量，从而促进主播 IP 的发展。

### 4．粉丝属性

成功的 IP 之所以能很强的影响力，就是因为其背后有庞大的忠实粉丝的支持，主播也是一样，离开了粉丝支持的主播不能被称为 IP。热门 IP 都具有粉丝属性，例如"一禅小和尚"这个原创 IP 在抖音平台上就拥有 4694.3 万粉丝，如图 3-7 所示。

图 3-7　"一禅小和尚"粉丝数量

### 5．前景属性

一个强大的 IP，必定具备良好的商业前景。以音乐为例，如果一个原创歌手想要将自己的歌曲打造成一个强 IP，就必须给歌曲赋予商业价值。

随着时代的发展，音乐领域的商业价值不仅体现在唱片的实体销售量上，还体现在付费下载量和在线播放量。只有把握好各方面的条件，才能卖出更多的产品，打造强大的 IP。

当然，既然说的是前景属性，那么并非所有的产品在当下都具有商业价值。企业要懂得挖掘那些有潜力的 IP，打破思维定式，从多方位、多角度进行思考，全力打造符合用户需求的 IP，才会赢得 IP 带来的人气，从而获取大量利润。主播同样也要学会高瞻远瞩，看准发展方向，拓宽发展空间，才能成为一个强 IP。

除此之外，伴随性也是一个好的 IP 不可或缺的特征。何谓伴随性？简单来说就是陪伴成长。举个例子，如果有两部动漫供你选择，类型相同的情况下，你会选你从小看到大的动漫，还是长大以后才看的动漫？相信大多数人都会选择从小看到大的动漫，因为那是陪伴自己一起成长的青春记忆。

例如，日本动画片《哆啦 A 梦》已经诞生几十年了，但相关的动画片还在播放，火热程度依然不减当年。所以说，一个 IP 的伴随性也能体现其前景性。如果 IP 伴随着一代又一代的人成长，那么就会打破时间和空间的限制，制造出源源不断的商业价值，历久弥新。作为主播，当然也要懂得持久的重要性，这样才能成为具有商业价值和市场前景的 IP。

### 6．内涵属性

一个 IP 的属性除了体现外部的价值、前景等方面，还应该注重其内在特有的情怀和内涵，而内涵包括很多方面，例如积极的人生意义、引发人们思考和追求的情怀以及深刻的价值观等。

但 IP 最主要的目的还是营销，所以 IP 的内涵属性要与主播自身的观念、价值相契合，才能吸引用户的眼球，将产品推销出去。

从 IP 营销可以看出，企业需要将自身的特质内涵与 IP 相结合，才能让 IP 营销显得无缝连接，让用户自愿参与到营销之中，让企业的 IP 走上强大之路。主播也是一样，只有将自身的闪光点与个人品牌结合起来，才能成为一个强 IP。

除此之外，主播还可以对 IP 进行拓展，从而衍生出周边产品。当然，对 IP 进行拓展的关键就在于体现出其更加丰富的内涵。

而丰富 IP 内涵，就需要主播将主要精力放在内容的创作上，而不是单纯地追求利益，急功近利是打造 IP 的大忌。只有用心地创作内容，才能使得用户投入其中，从而彰显 IP 的内在价值。

### 7．故事属性

故事属性是 IP 吸引用户关注的关键属性，一个好的 IP，必定有很强的故事属性。

例如，《西游记》为什么会成为一个强大的 IP？其主要原因就在于它故事性强。师徒 4 人在去往西天取经的路上经历了"九九八十一难"，酸甜苦辣都尝遍，最终取得真经，普度众生。这几个主人公的个性特点和"九九八十一难"的故事就能让人们谈论得津津有味，由此可见，《西游记》的故事性是无可比拟的，自然也就成为强 IP。

而且，一直以来以《西游记》为基础而创作的影视剧和动漫数不胜数，例如《西游记后传》、《大话西游》系列、动画片《大闹天宫》等，这些影视剧和动漫无疑是《西游记》这个 IP 生命力和影响力的延续。

总而言之，如果我们仔细分析每一个强 IP，不难发现它们都有一个共同点——故事性强。正是这些 IP 背后的故事，引起了用户的兴趣，造成了市场的轰动。毕竟，好的故事总是招人喜欢的，对于主播来说也是一样的，如果有好的故事，就能吸引更多的粉丝。

## 3.3.2　打造个人 IP

个人 IP 就相当于个人品牌。为了更好地了解主播是如何通过直播平台进行营销的，笔者就来为大家讲解四种打造个人 IP 的方法。

### 1．添加精准标签

一个人一旦有了影响力，就会被所关注的人在身上贴一些标签，这些标签就可以组合成一个虚拟的"人"。当提到某个标签时就可能想起某人，但并非只是想到一个单纯的名字，还有其带给他人的印象，比如严谨、活泼、可爱等标签。

主播可以把自己的人设标签加入主播名称和直播标题中，一旦有人在搜索框中搜索相关的标签，就有可能搜索到自己，如图 3-8 所示。

### 2．形成个人特点

打造人物 IP 的本质需要形成个人的特色内容，因为吸引用户要靠内容，那些能够沉淀大量粉丝的人物 IP 在形成个人的特点时，都运用了一定的方式与方法。下面笔者将进行具体分析。

（1）社交媒体的打造。

人物 IP 的兴起并不是偶然现象，而是社交网络媒体发展过程中的一种新产品，其中网红就是最直接的体现，网红们也因此成为最大的受益者。

从目前来说，正是微博、微信等社交网络媒体平台的迭代催生了网红，同时也刮起了 IP 营销热潮。那些被粉丝追逐的人物 IP，在社交网络媒体上都拥有良好的用户基础，所以才能取得好的成绩，尤其是一些热点 IP，更是成为内容营销的争抢目标。图 3-9 所示为社交网络媒体人物 IP 的主要特点。

图 3-8　搜索关键词后出现的主播、商品和直播间

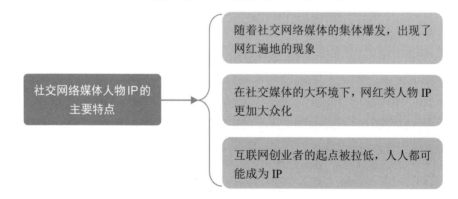

图 3-9　社交网络媒体人物 IP 的主要特点

社交网络媒体的流行，尤其是移动社交平台的火爆，让很多能够创造优质内容的互联网创业者成为自媒体网红，这个趋势还将进一步延伸。

(2) 变现能力的提高。

当然，要想获得真正的成功，一个重要的条件就是变现，即使你具备再强的实力，如果赚不到一分钱，那么你的价值就没有得到真正的体现。

如今，人物 IP 的变现方式已经越来越多，例如广告、游戏、影视、直播、社群、网店、卖会员以及粉丝打赏等。人物 IP 只有具备较强的商业变现能力，才能获得真正的网络红利。

(3) 学习和积累经验。

作为人物 IP 形成的重要条件，创造内容如今也出现了年轻化和个性化等趋势。主播要创作出与众不同的内容，虽然不要求有多高的学历，但至少要能展现出有价值的东西。从某个角度来看，知识的丰富程度决定了内容创作水平。

(4) 产业活动的衍生。

在进行内容传播时，主播切不可只依赖单一的平台，在互联网中讲究的是"泛娱乐"战略，主播可以以 IP 为核心，将内容向游戏、文学、音乐和影视等互联网产业延伸，用 IP 来连接和聚合粉丝情感。

(5) 核心价值观明确。

要想成为超级 IP，主播首先需要一个明确的核心价值观，即平常所说的产品定位，也就是你能为用户带来什么价值。主播在打造 IP 的过程中，只有明确了价值观，才能对内容进行定位，从而突出自身独特的魅力，快速吸引关注。

(6) 人格魅力培养。

在打造人物 IP 的过程中，主播需要培养自身的正能量和亲和力，可以将一些正面、时尚的内容以比较温暖的形式在第一时间传递给粉丝，让他们信任你，在他们心中产生一种具备人格化的偶像气质。

有人说："在过分追求颜值的年代，想达到气质偶像的级别，首先是要培养人格化的魅力。"这句话很有道理，俗话说："小胜在于技巧，中胜在于实力，大胜在于人格。"那些超级 IP 之所以能受到别人的欢迎和喜爱，就是因为具备了一定的人格魅力。

### 3．包装个人品牌

如今，直播已经随处可见，在主播类人物 IP 的形成过程中也已经有一套完整的输出产业链，可以帮助主播更好地打造属于个人的品牌。

(1) 自身才艺吸引。

要想成为直播主播，首先你需要有一技之长，这样才能吸引用户关注。当然在国内，主播们除了自己拥有才艺内容外，还需要直播平台的扶持，才能完成从网红到网红经济的跨越，实现其名利双收的 IP 价值。

同时，平台也在相互渗透，这种改变使主播们实现了引流和内容发布等供应链的集中，进一步缩短了直播变现需要的时间。如今，直播已经成为一个社交平台中的互联网流量中心，主播们强大的粉丝黏性将为这些供应链平台带来更多的价值。

(2) 平台与公会扶持。

大部分的主播都会有一个所属公会，这些公会通常会收取主播收入一定比例的抽成。公会在直播行业的供应链中占据很重要的地位，它们不但控制了下游的主播，而且还拥有强大的营销、市场推广、传播、技术支持等能力。

尤其在以主播为内容本身的秀场直播中，公会对于平台的价值非常大，它们管理着大批的优质主播，不断向平台输送内容。其实，公会本质上就是一个小型的经纪公司，对于那些拥有好的内容，而且播出时间比较稳定的主播，公会会进行推荐，从而将普通的主播捧红。

(3) 平台与平台合作。

好的直播平台可以快速吸引主播入驻，而且这些主播同时也能为平台带来更多的用户和收入。各种直播平台的出现也让 IP 的争夺越来越激烈，而且很多平台开始借助电视剧、电影和综艺等热门 IP，来吸引更多新用户。

在各种直播平台上，用户不但可以看到熟悉的主播，而且还能看到很多明星艺人的直播。这些影视综艺 IP 与直播平台的合作，对于双方来说是一件互惠互利的事情。对于直播平台来说，主播、明星和企业都拥有自身的定位和功能，这种从上而下在平台上的结合，形成了一条完整的产业链结构，并逐渐形成了一种新的商业模式。

### 4．挖掘网红经济

网络红人们强大的影响力、号召力使网红成为一种新的经济模式，在各种内容形式的网红带动下，IP 逐渐摆脱了文娱产业的束缚，开始向整个经济市场迈进。接下来，笔者将介绍网红经济挖掘 IP 的取胜之道。

(1) 数据分析预测。

首先，主播如果想要吸引用户的关注，就需要具备一定的大数据分析能力。主播进行直播和积攒人气需要数据来作为支撑，也需要分析直播内容、粉丝等数据，实现更精准的内容营销。

(2) 平台运营维护。

社交平台是在互联网中获得粉丝的关键阵地，因此对于主播来说，还需要掌握社交平台的运营维护能力。主播可以在社交平台上与粉丝进行沟通和交流，并利用粉丝感兴趣的内容来吸引他们，从而将粉丝的力量转化为网络红利。

# 文案脚本篇

# 第4章

# 策划直播脚本

　　新人主播可能还无法轻松地把控直播的整个流程节奏，也不知道直播要做哪些事情。本章主要介绍直播脚本的核心要素和主要类型，以及直播的流程和活动策划方法，帮助主播的直播工作快速步入正轨。

## 4.1 把握直播脚本的核心要素

对于很多新人主播来说，通常会遇到以下 4 大难题，如图 4-1 所示。

图 4-1　直播的 4 大难题

对于以上这些问题，我们该如何解决呢？那就需要策划直播脚本，这也是笔者本章所要讲的内容。一份详细、专业和可执行的直播脚本能够保证直播的顺利进行，帮助主播把控好直播节奏，规范好直播的流程，从而达到直播的预期效果。

另外，直播脚本还能让主播及其团队更好地进行直播前期的准备工作，提高各位工作人员配合的默契程度。因此，在直播的工作中，撰写直播脚本是非常有必要的，主要能达到 3 个方面的目的，如图 4-2 所示。

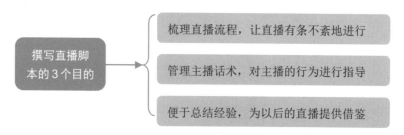

图 4-2　撰写直播脚本的 3 个目的

此外，直播脚本的意义和作用也是巨大的，如图 4-3 所示。

想要做好一场直播就得把握好直播的 5 大核心要素，本节笔者就来为大家逐一进行分析。

图 4-3　直播脚本的意义和作用

# 4.1.1　明确直播主题

直播脚本的第一个核心要素就是明确直播主题，也就是要搞清楚直播的目的是什么，以便确定直播内容的大方向。同时，一个定位清晰的直播主题能够让用户知道这场直播能为他们带来什么，以此来吸引精准的流量。

直播需要围绕中心主题来进行，如果内容与主题不符，就会有"标题党"之嫌，这样本末倒置的直播内容会显得杂乱无章，让别人不知道直播所要传达的核心信息是什么，容易导致用户反感，从而造成粉丝的流失。

明确直播的主题是为了确保直播的内容方向不跑偏，在确定好主题之后，就要始终紧扣主题去进行直播的内容分享。例如，如果直播的主题是夏季服装促销，就不能介绍其他季节的衣服。在进行直播的过程中，主播要尽量忽略和主题不相关的话题，垂直输出内容，这样才能提升直播的效果和主播的专业程度。

明确直播主题对直播营销的作用和效果也是显著的，一个好的直播主题能够大大提升直播的热度和影响力。那么，该如何来确立直播的主题呢？确立直播主题可从以下 3 个方面入手。

### 1．明确直播目的

要想确定好直播的主题，首先就得清楚地知道自己为什么要直播，是为了营销带货，还是为了扩大影响、提升知名度。如果是为了带货，直播的主题就要以产品为主，或者以优惠促销为噱头，吸引用户下单购买；如果是为了提升自身影响力，那么直播的主题可以取得广泛些。

### 2．迎合用户的需求

对于商家和企业来说，顾客就是上帝。同样，在直播行业中对于主播来说，粉丝就是上帝。因为粉丝决定了主播的人气和直播的热度，没有粉丝基础和支持的主播是很难火起来的。所以，我们可以从用户的需求出发，迎合其偏好和口味来制定直播的主题。

从用户的角度切入主题，最重要的是要了解用户的需求和痛点，那些火爆的直播之所以能受到用户的喜欢，就是因为其迎合了用户的需求。

目前，游戏和美妆类的直播比较受大众欢迎，因为直播的用户群体绝大多数是年轻人，他们爱玩、追求时尚，比如"微胖女生秋季撞色穿搭""时尚减龄牛仔背带裤""国服荣耀王者上分教学"等直播主题。

不过，在迎合用户需求时，需要注意以下 3 个问题，如图 4-4 所示。

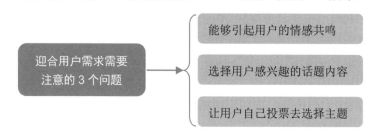

图 4-4　迎合用户需求需要注意的 3 个问题

此外，各种猎奇类的主题也能够吸引用户的眼球，主播可以从身边的事情中进行挖掘，同时多去借鉴那些热门主播的做法，这样有利于做出比较优秀的主题。

在一般的情况下，都是主播自己决定主题，然后再直接把内容呈现给观众；而在有些直播中，主播会在直播前收集用户的喜好和需求，并根据收集到的信息来策划主题。主播可以根据自身的情况来决定采用哪种方式。

### 3．抓住时事热点

我们还可以通过时事热点来确定直播的主题，在互联网快速发展的今天，热点就代表了流量。因此，根据热点制定的直播主题能够为直播间吸引大量的用户和流量，增加曝光量和点击量。

主播在确定直播主题的时候，要时刻关注市场的趋势和变化，特别是那些社会热点事件。不过，在主播找热点的时候需要注意两点：一是要及时抓住热点，延迟太久就没有多大的意义了；另一个就是内容要积极向上，负面、敏感的信息不要去碰。

## 4.1.2　做好直播场控

直播脚本的第二个核心要素就是要把控好直播的节奏，而把控直播节奏的重点在于做好直播场控。

我们去看那些比较优秀的直播脚本时不难发现，它们的流程环节安排得非常周密，具体到了分钟，例如几点几分开始预热、几点几分开始介绍产品、几点几分进行互动等，每个时间段该做什么事情都安排得非常明白具体。

因此，把控直播的节奏其实就是规划好时间，只有确定每个时间段要直播的内容，主播才能从容自如地控制整个直播流程的发展方向，优化直播的流畅度，也能避免出现直播突然暂停或者面对突发状况不知所措的情况，从而给用户带来比较好的观看体验感。

在直播过程中，直播的内容一定要和直播的目的相匹配，这样才有利于直播节奏的把控。那么，该如何使直播内容围绕直播目的来进行呢？我们可从以下 3 个方面来入手，如图 4-5 所示。

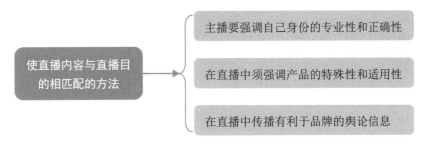

图 4-5　使直播内容与直播目的相匹配的方法

要做好直播节奏的把控就需要对直播内容进行分阶段设置，罗列出直播的内容大纲。此外，把控好直播节奏还需要主播时刻掌握直播间的主动权和控制权，即拥有较强的场控能力。

很多新人主播都会遇到一个问题，那就是冷场。如果主播只会被动地回答观众的问题，时间一长，观众当然就会失去兴趣，这就和看电视节目一样，当用户觉得节目很无聊的时候就会换台看其他节目。

因此，主播要学会自己制造话题，寻找话题。要想做到这一点，就需要主播平时注意积累，不断学习和充实自己，增长见识，开阔自己的视野。当然，主播也可以做到在某一领域非常精通和专业。

做好直播场控的目的在于调节直播间的氛围，使主播更好地与粉丝进行互动。对主播来说，做好直播间的场控尤为重要，它对活跃直播气氛、引导粉丝互动和处理突发情况具有十分巨大的作用，而且主播场控能力的强弱会直接影响直播的节奏。

直播场控主要有以下几个职能，如图 4-6 所示。

当然，场控在帮助主播管理直播间的时候，也需要清楚一些注意事项，如图 4-7 所示。

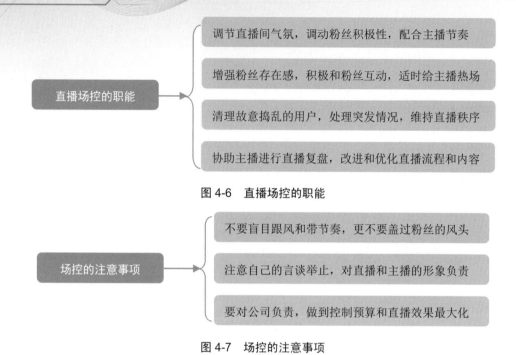

图 4-6　直播场控的职能

图 4-7　场控的注意事项

## 4.1.3　做好人员调度

在一些大型的直播当中，光靠主播一个人是无法让直播顺利完成的，直播的各个流程和环节都需要直播团队的配合，所以在直播脚本上一定要备注好每个人的工作安排和职责，这样不仅能够提高直播运营的效率，还能培养团队成员之间的默契度。

不管什么类型的直播，其团队成员架构一般都包含 4 个角色，分别是主播、场控、运营和助理。一般来说，主播负责分享直播内容和介绍产品；场控负责维持直播间的秩序；运营负责协调团队和对接工作等；助理负责辅助主播进行直播，做好开播的准备工作等。

当然，规模越大的直播团队，其直播工作人员数量也就越多，角色也可能会由于直播的实际需要而增加。以在线教育为例，其商业模式就是通过免费的公开课直播或试听课直播让用户事先体验产品，用户可以在听完直播公开课之后，再选择是否要购买其完整的付费 VIP 课程。因此，教育直播其实就是一种产品预体验的手段，目的是吸引更多的用户购买付费 VIP 课程。而在进行公开课直播的整个过程中，会涉及讲师(主播)、主持、助教和客服这 4 个成员角色，他们的具体分工职责如图 4-8 所示。

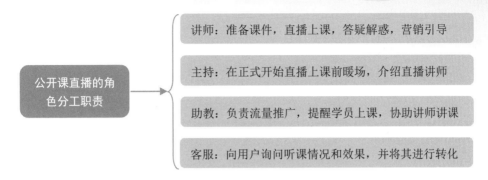

图 4-8　公开课直播的角色分工职责

　　只有当这 4 个角色的成员之间相互配合，才能吸引更多用户付费学习，实现营销效益的最大化。也只有清晰的角色分工，才能让每个人都了解自己在直播当中的职责和定位，更好地发挥自己的价值。

## 4.1.4　控制直播成本

　　直播作为一个行业，其运营和操作也是需要一定成本的，比如给主播及其团队发放的收益和底薪、做直播活动时送出的奖品或优惠券、购买直播设备和道具的费用等。

　　因此，对于个人主播或是中小型企业、商家而言，需要严格控制直播的预算成本，这就需要我们在直播脚本中提前规划好所有项目支出所能承受的费用，比如设置赠送礼品的名额、礼品的单价等，只有这样，才能用最少的人力、物力成本实现直播收益的最大化。

## 4.1.5　合理安排活动

　　把优惠、游戏、抽奖等互动环节安排在直播的哪个时间段在直播脚本中要提前制定好。例如，主播可以在特定的时间设置一些限时、限量的福利活动，来调动用户的兴趣和积极性。

　　一般来说，抽奖活动是直播互动环节的高潮，合理地利用这些互动环节能够有效地提升直播的用户转化率。主播在与用户互动时一定要营造紧张的气氛，反复强调福利的稀缺性和获取方式。除此之外，主播还可以和用户进行情感互动、故事性互动等，来增进彼此之间的感情。

## 4.2 了解脚本类型

本节主要介绍直播脚本的 4 种基本类型，包括大纲脚本、活动脚本、单品脚本和整场脚本，主播可以根据自己的实际情况选择合适的直播脚本。

### 4.2.1 大纲脚本

大纲脚本一般包含 9 个模块，即直播目标、直播类型、直播简介(直播的主要核心内容)、人员安排、直播时间、直播主题、流程细节、推广分享和直播总结。它们的具体内容分别如下。

**1. 直播目标**

首先得确定直播想要达到的目标是什么，这个目标要尽可能地具体和量化。主播可以根据自己上一场直播的数据来制定本场直播的目标。例如上一场直播的观看人数没有超过 1 万，那本场直播的目标就可以是观看人数超过 1 万或 1.5 万。只有给自己制定一个合适的目标，才能让自己的直播更有方向和动力。

**2. 直播类型**

其次就是要确定直播的类型，也就是直播的标签或频道，可以根据自己的爱好或者特长来选择适合自己的分类。直播类型的确定实际上就是锁定目标用户群体，有利于形成自己的风格和特色。

**3. 直播简介**

直播简介是对直播的主要核心内容进行提炼和概括，让用户一眼就能明白和了解直播的大概内容。

**4. 人员安排**

对于较为大型的直播活动来说，个人要想完成直播流程的整个过程是非常困难的，所以这时候就需要组建直播运营团队，安排人员来协助主播完成直播的各项工作，这样能集众人的力量把直播做得更好，同时也能减轻主播的负担。

**5. 直播时间**

确定好直播的时间是直播大纲脚本的一个重要组成部分，关于直播时间的确定需要迎合粉丝群体的生活习惯和需求。例如，如果是在周一至周五，这段时间的白天绝大部分人都在工作或者读书，所以直播最好选择在晚上进行；如果是在周六或周日，则下午或者晚上都可以。选择合理的直播时间能够增加直播的观看人数。

确定好直播时间之后一定要严格地执行，并且做到准时开播，尽量使直播的时间段固定下来，这样能在用户心中建立信誉良好的形象，使用户养成按时观看直播的习惯，增强粉丝的黏性。

### 6．直播主题

直播主题本质上就是告诉用户直播的目的是什么(这个目的不是针对主播方面而言的)，明确直播的主题能够保证直播内容的方向不会跑偏。直播的主题可以从不同的角度来确定，比如产品的效果展示、功能特色、优惠福利或者使用技巧等，需要注意的是主题要足够清晰。

### 7．流程细节

直播的流程细节就是直播的脚本策划，是指开播后直播内容的所有步骤环节，每个步骤环节都应该有对应的时间节点，并在直播过程中严格按照计划来进行。

### 8．推广分享

直播开始前和直播进行时都要做好直播的宣传推广工作，包括各个平台渠道的引流和推广，尽可能地吸引更多人前来观看直播，以提升直播的人气和热度。

### 9．直播总结

直播结束之后，我们要对直播的整个过程进行回顾，总结经验和教训，发现其中存在的问题和不足，对于一些好的方法和措施要保留和发扬光大，以此来不断地完善和改进自己的直播。

## 4.2.2　活动脚本

活动脚本通常适用于电商平台的直播带货中，主播和商家通过在直播间举办优惠、抽奖等活动来增强粉丝黏性，提高产品销量和营业额。直播的活动类型主要有两种，一种是日常活动，另一种是专享活动。

日常活动也就是平时举办的活动，这种活动的次数比较频繁，可以每天都有，但活动力度比较小，因为要考虑预算成本。专享活动是较长时间才举行一次，或者不定期举行，活动力度较大，因而对用户和粉丝的吸引力也较大。

## 4.2.3 单品脚本

单品脚本的实质就是只介绍一个产品，它主要是围绕产品来写的，其核心是产品卖点。在撰写单品脚本时，笔者建议大家用表格的形式制作，如表 4-1 所示。这样能够使脚本一目了然、清晰直观，更方便工作的对接。

表 4-1　单品脚本示范

| 目 标 | 宣 传 点 |
| --- | --- |
| 品牌介绍 | 品牌理念 |
| 利益点强调 | 产品优惠 |
| 引导转化 | 生活需要仪式感 |
| | 走过路过，不要错过 |
| 直播需要注意的地方 | 关注店铺 |
| | 分享直播间 |
| | 下单 |

从表 4-1 中我们可以看出，单品脚本的内容包含品牌介绍、利益点强调和转化文案等。以美妆为例，在介绍产品时可以围绕成分、规格、功效和保质期等方面来展开，而且解说时要及时回答粉丝的问题，与粉丝进行实时互动。

单品脚本一定要做得专业，把产品的卖点提炼出来。现在直播带货的产品主要有两个变化，一个是产品从线上终端转向原产地，减少了许多中间环节，大大提高了性价比，也就提高了观众下单的可能性。另一个是可以展示一些免加工的东西给观众看，只需要主播亲自进行演示即可。不过，主播在介绍产品时一定要有信任背书，这样才能让消费者对产品质量放心，让粉丝信任主播，有利于主播引导转化。

## 4.2.4 整场脚本

整场脚本就是对整场直播的脚本编写，它是相对于单品脚本而言的，整场脚本里面包含了多个单品脚本，而且直播时间也比单品脚本要长得多。一场完整的直播，时间一般持续 4 小时左右，而且中间是不能休息的。

整场脚本的作用是规范正常的直播节奏流程和内容。一般而言，整场脚本都会包含时间、地点、商品数量和主题等几个要素。整场脚本就是对直播的方向、思路进行规划和安排，其重点在于逻辑和内容的撰写，以及对直播节奏的把控。

整场脚本需要明确以下 5 个要点，如图 4-9 所示。

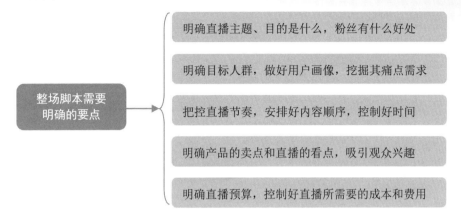

图 4-9　整场脚本需要明确的要点

# 4.3　梳理直播流程

讲完直播脚本的要素和类型，本节笔者就来给大家讲解直播脚本有哪些具体的流程步骤，帮助新人主播做好一个专业、完整的直播脚本，进而快速提升自己的直播效果，提高直播间的人气，增加产品的销量和直播收益。

## 4.3.1　进行开场预热

首先，主播要进行开场预热，开场预热包括向粉丝打招呼、自我介绍、欢迎粉丝的到来以及介绍本次直播主题。在直播的前半个小时左右不需要讲直播的具体内容，只需要不断和粉丝打招呼，进行日常的互动即可。

有很多新人主播不知道如何跟观众进行互动，其实很简单，当有观众进入直播间的时候，主播可以说："欢迎××来到我的直播间！"这样会让对方感到被重视。同时，主播也可以和观众聊一聊家常，拉近彼此之间的距离。

另外，主播还可以在直播间设置一些背景音乐，音乐尽量选择舒缓的轻音乐，最好不要播放那些劲爆的舞曲，这样的曲子很可能会让观众听不清主播的说话内容，影响直播的效果。

进行开场预热还有一个目的，那就是等更多的粉丝进入直播间。一般直播刚开始的时候，不可能所有的粉丝都到齐，可能只来了一部分，所以主播需要在和已到粉丝的互动中等待其他粉丝的到来，只有等粉丝基本到齐，直播间的观看人数较多的时候正式开始进入正题，才能使直播获得最好的效果。

## 4.3.2　切入直播内容

等粉丝基本到齐之后，就可以正式切入直播的内容了，那么究竟该怎么做呢？主播可以从直播的主题或当下的热点事件中引入话题，这样可以吸引观众的注意力，同时调动他们的情绪。

如果是电商类的直播带货，可以剧透本场直播的新款和主推款，也可以从产品的产地、口碑和销量等数据讲起，激发用户的兴趣和好奇心。

## 4.3.3　介绍直播产品

引入话题之后，接着主播就要开始介绍直播的产品，可以根据产品的单品脚本进行介绍，重点突出产品的亮点和价格优势。

如果没有单品脚本，主播可以先将所有的产品款式全部简单地介绍一遍，不需要做过多的停留，但主推的爆款应该重点介绍一下。在这个过程中，不需要理会粉丝的评论，按照自己的节奏逐一地进行讲解即可。

然后主播就可以开始对每个产品进行详细介绍，也可以根据粉丝的需求对产品进行有重点的介绍。在直播的过程中，场控根据在线观看人数和产品的订单销售数据来引导主播对解说重点进行调整。当产品解说环节接近尾声时，还需要做呼声较高产品的返场演绎。

在对不同类型的产品进行介绍时，我们需要规划好每个产品讲解的时间，这样才能把握好直播的节奏，使直播顺利地完成。

例如，尾货、零食类商品的讲解节奏要快，因为观众希望能快速看完，从而快速做出决定，这类商品的介绍时间最好控制在 5 分钟以内；美妆、服装类的商品由于需要向观众展示体验效果，所以这类商品的介绍时间以 10 分钟左右为宜；而那些家电、数码类的科技产品不仅要进行现场试用，而且要求主播对其产品参数、功能特点有足够的了解，所以这类商品需要做 20 分钟左右的介绍。

需要注意的是，主播在进行产品介绍的时候，要有自己的节奏，不能跟着粉丝的想法走，否则会打乱直播脚本的计划。

### 4.3.4　和用户进行互动

介绍完产品之后就进入和用户互动的环节了。主播可以向用户询问他们对于产品的感受和看法，积极回答用户的疑问，充分了解其需求。不过最重要的是要想办法提高用户转化率，激发用户的购买欲望。

要做到这一点，就需要主播将直播的福利和优惠告诉用户，或者发起抽奖送礼活动，提高用户的参与积极性，尽量留住用户。另外，主播还需要教用户如何领取优惠券和购买商品，这也是直播带货中最为重要的部分，如果主播忘记做这一步，那么之前所做的努力基本上都白费了。

### 4.3.5　做好总结和预告

当直播快要结束时，主播要对本次直播的内容做一个总结，对观看直播的粉丝和用户表示感谢，并预告下次直播的时间和福利活动。而对于那些第一次观看直播还没有关注主播的用户，主播要引导他们进行关注。

### 4.3.6　做好复盘工作

下播并不意味着直播的结束，主播还需要对本次直播进行复盘，对直播的整个过程进行回顾，从中发现和总结出这次直播的优点和不足，并制定出解决的方案，不断完善和优化直播脚本，为以后的直播提供经验和借鉴。

只有不断地复盘和总结，才能提高自己的直播技能和水平，让自己快速地成长，对于脚本的应用也会更加炉火纯青。一个优秀的直播脚本一定会有笔者所讲的这些流程步骤，它可以让直播有条不紊地进行下去，而不是临时发挥。

直播结束以后，主播还要及时发放活动礼品或红包，提升用户的直播体验感，也有利于树立自己的威信和增强粉丝黏性。主播还可以将直播视频剪辑处理，然后发布到各大互联网平台进行宣传推广，为直播吸引更多的流量。

## 4.4　策划直播活动

主播在直播时，可以通过举办活动来激发用户参与互动的积极性。本节主要介绍制定活动方案、设计直播开场和安排互动玩法的方法，来帮助主播做好直播活动的策划与执行。

## 4.4.1　制定活动方案

在举办直播活动之前，主播要制定好直播的活动方案。一般来说，直播活动方案的模板有以下几个方面的内容，如图 4-10 所示。

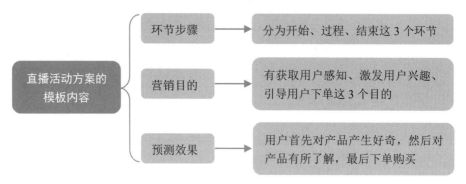

图 4-10　直播活动方案的模板内容

主播要以上面的方案模板为基础，围绕其中的核心内容来策划直播活动的方案，这样策划出的直播活动才能达到预期的目标和效果。

## 4.4.2　设计直播开场

在直播活动开始时，一个合适、精彩的开场能够让用户眼前一亮，对直播活动充满兴趣和好奇。接下来，笔者就来讲解设计直播开场的 5 大要素和直播活动的开场形式，帮助主播取得直播活动的"开门红"。

### 1．开场设计的要素

俗话说："好的开始是成功的一半。"直播开场给用户留下的第一印象，是决定用户是否继续留在直播间观看的关键，因此主播要重视直播的开场设计，要做好开场设计可从以下几点着手。

（1）激发兴趣。

直播开场设计的重点就是要激发用户的兴趣，只有用户对直播的内容感兴趣了，直播才有进行下去的意义。因此，主播可以利用幽默的语言、新奇的道具来激发用户的兴趣。

(2) 引导推荐。

由于直播前期的宣传和平台自身所带来的流量有限，所以在直播开始时，主播需要利用现有的用户数量来为自己拉新，以增加观看的人数，提高直播间的人气。

(3) 场景带入。

因为每个用户观看直播时所处的环境都不一样，所以主播要利用直播开场让所有用户快速地融入直播的场景之中。

(4) 植入广告。

营销是举办直播活动的目的之一，所以在直播开场时，主播可从以下 3 个方面来植入广告，以达成营销目的。

● 将广告词、产品名称和品牌名称等关键词融入开场白的台词中，增加关键词的出现频率，加深用户的印象。

● 利用直播间的道具对产品品牌进行展示，让刚进入直播间的用户也能马上知道品牌名称。

● 提前告知对用户有用的营销信息，例如折扣、赠品等，以促成交易。

(5) 平台支持。

一般来讲，各大平台都会对直播的资源位置进行设置和分配。图 4-11 所示为 B 站(即哔哩哔哩)直播平台首页的内容分区、活动推荐和热门主播等模块的展示。

图 4-11　B 站直播平台首页的资源位置分配

利用直播开场快速提升人气，积极引导互动，会有机会获得平台的推荐位置，从而获得更多的流量和曝光度。

**2．活动开场的形式**

在直播活动策划中，常见的开场形式有以下几种，如图 4-12 所示。

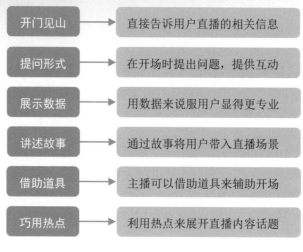

图 4-12　直播活动的开场形式

## 4.4.3　安排互动玩法

在直播的活动中，主播可以通过弹幕互动、情节参与、赠送福利、发起任务和礼物打赏等方式来与用户进行互动，以提高直播间的活跃度。

### 1. 弹幕互动

弹幕互动是近几年兴起的一种新的网络社交互动模式，其典型代表莫过于 B 站了，正是因为 B 站这种独特的弹幕文化，把很多人聚集在了一起。他们通过弹幕找到了热闹和快乐，治愈了自己的孤独感，这是 B 站用户高黏性的关键因素之一。

另外，弹幕使得不同时空的人有了交集，有的时候用户在某个视频上看到的弹幕有可能是很早以前发的，在同一个视频中，用户用弹幕进行了沟通和交流，而所有观看视频的用户就成了这场交流的见证者和参与者。

### 2. 情节参与

在直播过程中，主播可以按照用户要求来安排直播内容的情节，以提高用户的参与度。不过，主播也不能盲目听从用户的要求，要先判断用户的要求是否合理，如果不合理，主播可以选择忽略或将话题引导到其他方面；如果用户的要求合理，主播还要考虑直播的后续流程安排，不要占用了其他环节的时间，从而影响直播效果。

### 3. 赠送福利

在直播带货中，主播可以利用赠送福利等优惠活动来激发用户的购买欲望，促使用户下单，提高直播间产品的销量，如图 4-13 所示。

图 4-13 直播间的赠送福利活动

## 4．发起任务

主播可以在直播平台通过发起任务来和用户一起参与活动，增加和用户互动的机会，调动用户参与的积极性。

## 5．礼物打赏

礼物打赏是直播间常见的互动方法，粉丝给主播打赏礼物是出于对主播的喜爱和认可，因此，主播应该对赠送礼物的粉丝表示感谢，并利用这个机会跟粉丝积极地沟通交流、联络感情。

# 第 **5** 章

# 规划直播内容

看过直播的人都知道，我们只能通过"视觉效果"来选择要看的直播。因此，直播内容的吸引力大小，很大程度上决定了用户是否继续观看直播。由此可见，想做好直播，就要对直播内容进行规划。

## 5.1 了解策划思路

内容策划是宣传中较为重要的一个环节，从其作用来看，优秀的内容具备强烈的感染力，能够给直播带来巨大的流量。在信息繁杂的网络时代，并不是所有的内容策划都能够获得成功，尤其是对于缺乏技巧的策划而言，要想获得成功并不是一件轻而易举的事情。

从内容策划的角度出发，内容的感染力来源主要分为 5 个方面，而主播写直播内容时，就需要从这 5 个方面重点进行考虑。本节笔者将对内容策划的相关问题一一进行解读。

### 5.1.1 确保内容准确和规范

随着互联网技术的快速发展，每天更新的信息量都是十分惊人的。"信息爆炸"的说法主要就是来源于信息的增长速度，庞大的原始信息量和更新的网络信息量以新闻、娱乐和广告信息为传播媒介作用于每一个人。

对于主播而言，要想让内容被大众认可，并在庞大的信息量中脱颖而出，那么首先需要做到的就是内容的准确性和规范性。做不到这两点会严重影响直播的运营，甚至会被直播平台限流。

在实际的应用中，准确性和规范性是对于任何内容写作的基本要求，具体的内容分析如图 5-1 所示。

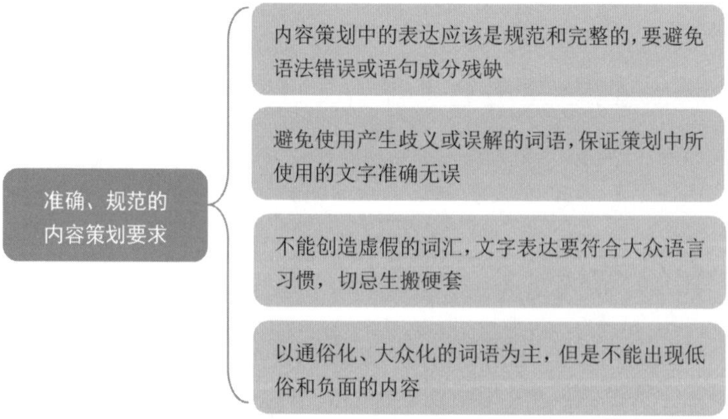

内容策划中的表达应该是规范和完整的,要避免语法错误或语句成分残缺

避免使用产生歧义或误解的词语,保证策划中所使用的文字准确无误

准确、规范的内容策划要求

不能创造虚假的词汇,文字表达要符合大众语言习惯,切忌生搬硬套

以通俗化、大众化的词语为主,但是不能出现低俗和负面的内容

图 5-1　准确、规范的内容策划要求

直播是向用户展示各种内容的呈现形式，尽管其是通过虚拟的网络连接了主播和用户，然而从内容上来说，真实性仍然是其本质要求。

当然，这里的真实性是建立在发挥了一定创意的基础上的。直播内容真实性的要求表现在真实的信息和真实的情感这两方面，只有做到这两个方面并和用户产生联系的直播内容，才能吸引和打动用户。

作为直播内容必要的特质，真实性在很多直播中都体现了出来，在此以一位背包客徒步旅行去西藏为例进行介绍。这种直播不需要太多花里胡哨的内容，只要把沿途的风景、经历记录下来即可，如图 5-2 所示。

图 5-2　直播旅途的行进历程

这种直播内容就很容易让用户感受到直播的真实性，那些向往去某个景点但是又因为各种原因没能去成的用户，可以通过直播这一形式与主播产生共鸣，就好像自己也同主播一起经历了这次旅行一样。

之所以要准确、规范地进行内容策划，就是因为准确和规范的内容信息更能够被用户理解，从而促进直播的有效传播。

## 5.1.2　满足用户需求

热点之所以能成为热点，就是因为有很多人关注，把它给炒热了。而一旦某个内容成为热点，许多人便会对其多一分兴趣。因此，在主播进行内容策划的过程中，如果能够围绕热点打造内容，便能更好地起到吸引直播用户的目的。

例如，主播可以根据某些网友们平时讨论比较多的热点话题来打造文案。直播用户对这类内容比较喜欢，所以紧扣热点的内容策划能增加直播间的点击量，获得更多用户的点赞和评论。

还有熬夜这类持续时间比较长的热门话题，也是很多网友们喜欢调侃自己或者他人的热点，主播根据这类话题来策划文案，然后搭配偏调侃的内容，会比较容易吸引更多的直播用户。

为什么许多人都喜欢看新闻？这并不一定是因为看新闻非常有趣，而是因为大家能够从新闻中获取时事信息。基于这一点，主播在制作内容的过程中，可以适当地加入一些网络热点资讯，让内容满足用户获取时事信息的需求，这样就能增加直播的人均观看时长。能收获这样的效果主要是因为有一部分人在浏览网页、手机上的各种新闻和文章的时候，抱有可以通过浏览的内容学到一些有价值的东西，从而扩充自己的知识面的目的。因此，主播在制作内容的时候，就可以将这一因素考虑进去，让自己制作的直播内容给用户一种能够满足其学习的心理需求。

能满足用户学习心理的直播，在标题上就可以看出其内容所蕴藏的价值。用户在浏览内容的时候并不是没有目的性的，他们在刷直播的时候往往是想要获得满足感。而这一类"学习型"的直播，就很好地考虑到了用户的需求，如图5-3所示。

图 5-3　满足用户学习心理的直播内容

这样一来，内容策划里面就体现出来了这场直播的学习价值。当用户在看到的时候，就会抱着"能够学到一定知识或是技巧"的心态来点击查看直播内容。这对用户和主播来说是双赢。

## 5.1.3　实现精准定位

精准定位同样属于内容策划的基本要求之一，每一个成功的内容策划都具备这一特点。即了解自己的目标用户，根据自己目标用户人群的属性，进行精准的内容策划，有利于用户更快接受直播内容，以达到想要的效果。

直播的快速发展，使得各种"直播+"模式不断出现。"直播+"的模式是指将直播与公益、电商、农业、音乐、电竞和教育等领域相结合，如此细化的市场和深入垂直的领域，可以共同推动直播平台向更深产业端渗透。

细化的直播内容，既能保证平台内容的及时更新，也能提升产品的品质，同时还可以增强用户与平台之间的黏性，赢得用户的信任，获得更忠实的用户支持，从而为平台的发展和之后产品的销售做好铺垫。

各大行业在"直播+"的模式下，也能获得更多新的经济增长点，与直播平台实现共赢。这种多样化的发展，使得平台突破了原有的直播流量红利消失的瓶颈，也让各大行业通过直播获得了新的销售传播途径，进一步释放行业的价值。

面对互联网不断更迭的现象和不断增长且细化的用户需求，直播平台需要细化自身的市场定位。只有对市场需求进行精准的挖掘，才能使直播取得更佳的效果。图 5-4所示为"直播+"模式的概要。

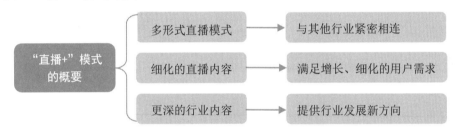

图 5-4　"直播+"模式的概要

在这样一个"全民直播"的时代，人们对网络上传统的直播模式已习以为常，而"直播+"的模式，将直播与其他行业紧密相连，为自身的发展提供了新的选择和方向。

**专家提醒**

　　单一的直播模式在大众的心中已失去了新鲜感，而"直播+"模式将直播形式对准更深的行业领域，并成为该行业的传播途径，既能满足用户对直播的不同需求，也能让自身的发展获得更多机会。

例如，游戏直播在直播中侧重相关游戏以及其衍生品的销售。热门的游戏直播平台包括斗鱼直播、虎牙直播等，这些平台除了支持用户打赏主播之外，还提供了一些游戏的相关产品，例如，游戏客户端、游戏礼包、虚拟道具以及与人物相关的模型等游戏周边。图 5-5 所示为游戏直播模式的解释。

直播是用来展示给用户观看的，主播在进行直播市场定位的时候，不仅要考虑其专业性，还应该考虑用户喜好的相关性。一般来说，用户喜欢看的，或者说感兴趣的信息主要包括 3 类，具体如图 5-6 所示。

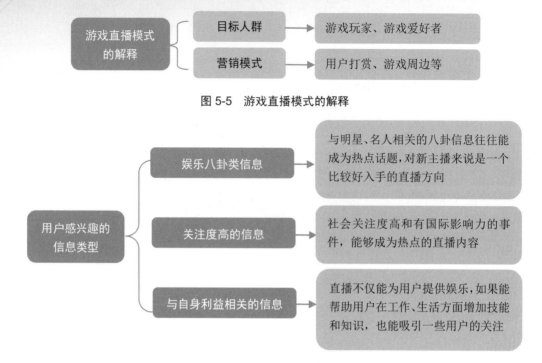

图 5-5　游戏直播模式的解释

图 5-6　用户感兴趣的信息类型

从图 5-6 中的 3 类用户感兴趣的信息出发来策划直播内容，可以为吸引用户注意力提供基础，也为直播增加了成功的概率。

就目前直播的发展而言，个人秀场是一些新人主播和直播平台最初的选择，也是最快和最容易实现的直播选择。那么，在这样的直播时代环境中，平台和主播应该怎样发展从而达到其直播内容的专业性要求呢？关于这一问题，可以从两个角度考虑。

(1) 基于直播平台专业的内容和主播本身的专业素养，安排主播自己擅长的内容。

(2) 基于用户的兴趣，从专业性的角度来对直播内容进行转换，直播用户喜欢的专业性内容。

主播在选择直播的内容方向时，可以基于现有的平台内容和用户的喜好而延伸发展，创作用户喜欢的直播内容。

除此之外，还可以把用户的兴趣爱好考虑进去。例如，女性用户一般会对美妆、美食类内容感兴趣，而男性用户往往会对球类、游戏类内容感兴趣，基于这一考虑，直播平台上关于这些方面的直播内容往往比较多，并且这些内容的观看人数也会很多，如图 5-7 所示。

在直播中，用户总会表现出倾向某一方面喜好的特点，那么主播就可以从这一点出发，找出具有相关性或相似性的主题内容，这样就能在吸引平台用户注意的同时，增强用户黏性。

图 5-7　与用户兴趣爱好相符的直播内容会有更多的观看人数

例如，一些用户喜欢欣赏手工艺品，那么，这些用户就极有可能对怎样做那些好看的手工艺品感兴趣，因此主播可以考虑推出这方面的直播内容，实现在直播平台上用户的转移。

而与手工相关的内容又比较多，主播既可以介绍手工的基础知识和历史，又可以讲解制作过程，还可以从手工制作领域的某一个点出发来进行直播。图 5-8 所示为教用户如何制作手工艺品的直播。

图 5-8　教用户如何制作手工艺品的直播

另外，主播也可以在直播内容中明确地指出目标用户，这样能够快速吸引大量对这类内容感兴趣的用户的目光，获得他们的喜欢。这种内容策划的方法虽然简单，但是定位精准，对于直播间来说是非常有利的。

一般情况下，主播在直播初期就会确定自己的目标用户，然后会根据目标用户的特征属性来策划内容。那么主播应如何精准地表达内容呢？可以从 4 个方面入手，如图 5-9 所示。

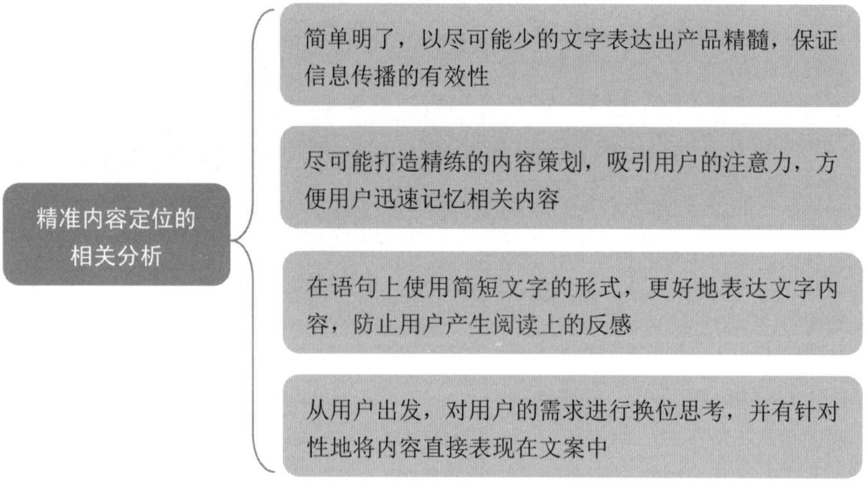

精准内容定位的相关分析

简单明了，以尽可能少的文字表达出产品精髓，保证信息传播的有效性

尽可能打造精练的内容策划，吸引用户的注意力，方便用户迅速记忆相关内容

在语句上使用简短文字的形式，更好地表达文字内容，防止用户产生阅读上的反感

从用户出发，对用户的需求进行换位思考，并有针对性地将内容直接表现在文案中

图 5-9　精准内容定位的相关分析

主播在进行直播带货前，首先要对商品进行基本情况的分析，确保货源的质量，并了解商品的用户群体，从而进行下一步行动。这样可以保证主播在后续的销售工作中能够获得经济效益。除此之外，只有找到自己的用户，才可以对他们进行系统、详细的分析。

**专家提醒**

只有有针对性地对用户群体进行产品的介绍、推销工作或者介绍用户感兴趣的直播内容，才能切中用户的需求，让用户产生购买的行为，从而达到提高商品成交率的目的。

不同的消费者，有着不同的信息关注点，进入直播间的观众，性别、年龄和需求都可能存在不同之处，他们对于产品的关注重心自然也会不一样。同样一件产品，对于年轻女性来说，可能会看重它的美观性和精致感；而对于年纪较大的女性来说，会更关注产品的实用性。主播要记住的是，只有在精准定位的基础上进行发挥，挽留住客户，才能达到事半功倍的效果。

## 5.1.4 表达形象生动

形象生动的内容表达，非常容易营造出画面感，从而加深用户的第一印象，让用户看一眼就能记住文案内容。

对于直播内容而言，每一个优秀的策划在最初都只是一张白纸，需要主播不断地添加内容，才能够最终成型。要想更有效地完成任务，就需要对相关的工作内容有一个完整的认识。

而一则生动形象的内容策划就可以通过独具特色的表达，在吸引用户关注、快速让用户接收文案内容的同时，激发用户对文案中内容的兴趣，从而使得用户观看、点赞、评论和转发。

另外，有些人会点开平台上各种各样的直播，都是出于无聊、消磨闲暇时光和给自己找点娱乐的目的。因此，那些以传播搞笑、幽默内容为目的的幽默型直播，会比较容易满足用户的消遣心理需求。

主播在制作内容策划的时候，可以从标题上让用户感觉到趣味性和幽默性。一般这样的标题都带有一定的搞笑成分，或者是轻松娱乐的成分。只有这样的直播内容策划，才会让用户看完后心情变好。

## 5.1.5 充分发挥创意

创意对于任何行业的文案都十分重要，尤其是在网络信息极其发达的社会中，自主创新的内容往往能够让人眼前一亮，进而获得更多的关注。

创意是为直播主题而服务的，因此，内容中的创意必须与主题有着直接关系。而且在直播内容策划中，文字和画面的双重创意往往比单一的创意更能够打动人心。

对于正在创作中的内容而言，要想突出内容特点，那么在保持创新的前提下还需要通过多种方式更好地打造内容本身。内容表达有 8 个方面的要求，具体为：词语优美、方便传播、易于识别、内容流畅、契合主题、易于记忆、符合音韵和突出重点。

如果用户刚看到直播开头，就能猜到结尾，那么用户就会觉得这样的直播没有可看性，从而导致用户看到这一类直播时，只看了开头就没有兴趣再看下去了。

相比于这种看了开头就能猜到结尾的直播，那些设计了"反转"剧情的直播内容，可以打破人们的思维惯性，让用户觉得眼前一亮。而"反转"之所以能够吸引许多用户的关注，并获得大量的点赞和评论，主要是因为用户看完直播之后，在想到让人措手不及、意想不到的剧情时，往往会觉得惊喜，觉得内容安排十分巧妙，并让用户忍不住地想要为直播点赞。

此外，一般来说，大部分用户对那些未知的、刺激的东西都会有一种想要去探索、了解的欲望。因此，主播在制作直播内容的时候就可以抓住用户的这一特点，让内容充满神秘感，满足用户的猎奇心理，这样就可以获得更多用户的关注，关注的人越多，直播被转发分享的次数就会越多。

能够满足用户猎奇心理的内容常常会设下悬念，来引起用户的注意和兴趣；又或者是内容策划里面所出现的东西都是用户在日常生活中没见到过、没听说过的新奇的事情。只有这样，用户才会想要去查看直播的内容。

## 5.2 掌握表达技巧

直播的内容策划需要一定的文字水平，而要想更高效、更高质量地完成文案任务，除了掌握写作技巧之外，还需要学会玩转文字，让表达更符合用户的口味。

### 5.2.1 文字通俗易懂

文字要通俗易懂，能够做到雅俗共赏。这既是内容策划的基本要求，也是在文案创作的逻辑处理过程中，主播必须了解的思维技巧之一。

从本质上而言，通俗易懂并不是要将文案中的内容省略掉，而是通过文字组合展示要表达的内容，让用户在看到文案之后，便心领神会。毕竟，用户看不太懂或者需要花一定时间思考的文案，会让直播间损失一部分流量。

### 5.2.2 删除多余内容

失败的内容原因很多。在可避免的问题中，文字累赘是失败的主因，其导致的结果主要包括内容毫无意义、文字说服力弱和问题模棱两可等。

解决多余文字最为直接的方法就是将其删除，这也是强调与突出关键字句最为直接的方法。图 5-10 所示为内容太多的直播案例，由于文字内容太多，用户很难抓住重点，可能就丧失了继续看下去的兴趣。

对于内容策划来说，删除多余的内容其实是一种非常聪明的做法。一方面，删除多余的内容可以让重点内容更加突出，用户能够快速把握主播想传达的意图；另一方面，删除多余的内容还可以让内容变得更加简练，同样的内容能够用更短的时间进行传达，用户不容易产生反感情绪。

图 5-10　文字内容太多的文案

　　有的主播在创作内容时喜欢兜圈子，能够用一句话说清楚的意思非要反复强调，不但降低了内容的可看性，还可能会导致用户"食之无味"。

　　另外，内容策划的目的是推广，因此，每个策划方案都应当有明确的主题和内容焦点，并围绕该主题和焦点进行文字创作。

　　图 5-11 所示为淘宝和京东文案的部分内容。不管是淘宝的"太好逛了吧！"，还是京东的"不负每一份热爱"，文案的主题思想都很明确，而且文字非常简练，用户看到就能明白其想要表达的中心意思，也更愿意接受这样的营销内容。主播在策划直播内容时也应该如此，尽可能用简短的内容传达核心思想。

图 5-11　简练的内容文案策划

### 5.2.3　少用专业术语

专业术语是指特定领域和行业中对某一特定事物的统一称谓。在现实生活中，专业术语十分常见，但其使用范围比较局限，如果不是本行业的人可能很难理解，因此在直播中往往需要将专业术语用更通俗的方式代替。

图 5-12 所示为一个学习代码的直播间，可以看到在直播间中使用的都是程序代码的专业术语，这样就会让一些不懂代码的用户看后感到一头雾水，而且对这些代码也并没有进行解释和说明，很多用户看完直播后还是不懂。

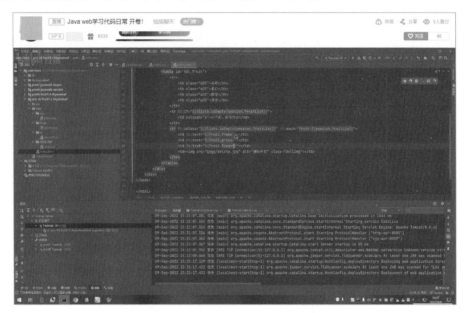

图 5-12　学习代码的直播间

不过，减少术语的使用量并不是要求主播不使用专业术语，而是要控制其使用量，并且适当对专业术语进行解读，把专业内容变得通俗化。

### 5.2.4　突出重点内容

内容主题是整个直播的生命线，直播内容的成功在很大程度上取决于内容主题的效果。因此，主播在策划直播时，应该以内容为中心，时刻突出重点内容，这样用户在看直播时才能更快、更精准地领会直播的主题。

需要注意的是，主播要想突出直播的中心内容，还要提前对相关的用户群体有一个传递的过程。除了醒目的重点内容之外，文案中的重点信息也必须在一开始就传递给用户，优秀的文案应该是简洁、突出重点，适合产品、适合媒介、适合目标群体的，形式上更要做到不花哨、不啰唆。

# 5.3　安排互动环节

直播是一种动态的视听过程，主播可以在直播中展示产品的做工细节，帮助用户更好地了解产品，而用户在直播中获得了自己想知道的信息，也大大增强了参与感，已经不能和单纯观看直播相提并论，这也促使直播的业绩不断提升。

而在直播的过程中，如果主播只是一直在介绍产品，那么用户肯定会觉得枯燥无味，从而离开直播间，甚至会取消对主播的关注。此时，主播就应该发挥直播平台本身的交互优势，及时与用户互动。例如，在展示产品的同时与用户进行交流沟通，及时回应用户提出的问题。

## 5.3.1　设置抽奖目标

在直播的过程中，用户的关注度会相对较高，直播的画面也更为形象、生动，而且在直播间内，不会受到其他同类商品的影响。因此，在直播带货中的商品转化率比传统的电商购买转化率更高，这也是直播带货流行的原因之一。那么，在众多直播间中，如何才能成为高转化率的直播间呢？

这里笔者将为大家分享一个小技巧：主播在开播前设置一个目标并告知直播间的用户，在直播过程中如果目标达到了，就进行抽奖活动。这样一来是可以让已经在直播间的观众充满期待，一直关注直播间，等待抽奖，而等待之余还可以浏览直播间的商品，一举两得；二来抽奖这类活动能吸引一批用户前来观看直播。

例如，主播设置直播间观看人数达到 1 万就抽奖，对于用户来说，如果你是满足数字的最后一个人，就算你对直播产品没有兴趣，要是知道了下一秒就是免费抽奖活动，你愿不愿意再为它驻足一秒呢？

因此，一场好的直播并不是一时兴起。在开播前积累人气，举办一个小活动，能让这场直播达到事半功倍的效果。

## 5.3.2　设置整点抽奖

大部分用户进入直播间，就表明他在一定程度上是对产品有需求的，即使当时的购买欲望不强烈，但是主播完全可以通过抓住用户的痛点，来刺激用户的购买欲望。

不过，光有想要购买的欲望是远远不够的，对于用户来说，购买一件商品的关键因素是什么？是刺激消费的动力。试想一下，如果用户拥有 100 元，但是用户舍不得买这件产品，怎么办？是就此放弃，还是再观望一下？就在这时，用户突然看到整点抽奖的动态，用户会不会点开它？答案是会的。在用户踌躇不定的时候给他一条新的道路，用户会毫不犹豫地选择它。

而整点抽奖活动就是解决用户消费痛点的有效办法，它不仅可以提高用户下单的概率，还能提升直播用户的关注度，让用户对直播间一直抱有期待，从而提高直播间的人均观看时长。

找准用户的痛点，并从痛点切入，用户就会主动去采取能够解决自身痛点的办法，而此时用户很可能就会通过向主播寻求帮助来解决痛点问题。主播可以通过整点抽奖活动来解决用户的痛点，让用户持续关注这个直播间，产生一定要拥有这个产品的想法，这样才能维持直播间的人气。图 5-13 所示为消费人群特征和网络消费者行为分析。

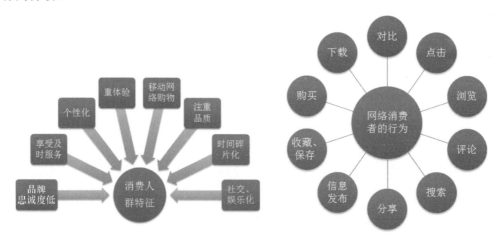

**图 5-13　消费人群特征和网络消费者行为分析**

在直播间的用户往往就缺少一点消费的勇气。整点抽奖，不仅能维持直播间的人气，让用户持续关注，还会激发出用户的购买欲。图 5-14 所示为某直播间中举行的整点抽奖活动。

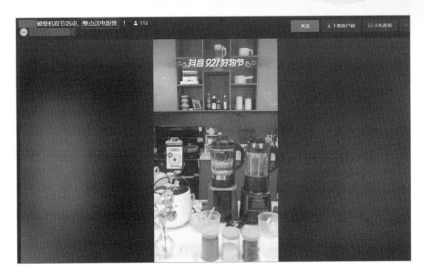

图 5-14　某直播间中举行的整点抽奖活动

## 5.3.3　设置问答抽奖

问答抽奖已经成为直播间互动的主要形式。这主要是因为 UGC 概念的兴起。UGC(user generated content)，意为用户创造内容，在直播行业中占据着非常重要的地位，并影响着整个直播领域的内容发展方向。而在直播营销里，UGC 主要包括两个方面的内容，如图 5-15 所示。

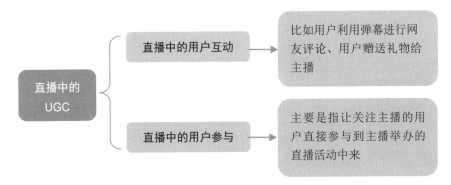

图 5-15　直播中的 UGC

要让用户参与到直播中来，并不是一件容易的事，而是要具备两个必要的条件才能完成，即优秀的主播和完美的策划。如果具备了这两个条件，再加上用户的积极配合，一场内容丰富有趣的直播也就不难完成了。

直播从来就不是一个人的独角戏，这是一场双向的交流，在直播过程中，用户是直播主体之一，缺失了这一主体，直播不仅会逊色很多，甚至有可能导致直播目标和任务难以完成。而问答抽奖可以让用户和主播都参与到活动中来，这种一问一答的方式不仅能提高用户的参与度和积极性，也能避免主播面临直播间气氛尴尬的情况。

## 5.3.4　设置限量秒杀

主播这个职业，实际上就是一个优秀的推销员，而作为一名直播商品推销员，最重要的任务就是提高直播间商品的转化率。如果没有完成这个任务，即便主播每天夜以继日地直播，也很难得到满意的结果，而一场限量秒杀活动就能让直播间的转化率瞬间爆发，如图 5-16 所示。

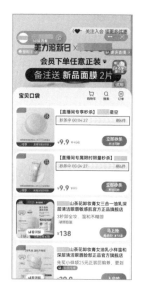

图 5-16　直播间的限量秒杀活动

想提高转化率，除了设置合适的活动之外，主播也得学会控制自己的情绪，主播的情绪会影响商品转化率，没有好情绪，就不会有好的转化。

如果主播的状态低沉、情绪不佳，就很难吸引正在观看直播的用户和粉丝来购买自己推荐的商品，甚至会使得这些粉丝退出直播间，这样的行为无疑是在减少自己的粉丝数量。

在直播销售中，用户和主播之间是通过商品和主播自身魅力这种强有力的纽带来连接的，而信任则是连接的桥梁，连接的强弱就表明了粉丝对于主播的忠诚度。如果主播不能进行自我的情绪管理，那么就很容易在与粉丝的相处过程中，消磨、丧失粉丝对自己的信任感和忠诚度。

因此，在直播时主播需要时刻展现出积极向上的状态，这样可以感染每一个进入直播间的用户，同时也有利于树立起主播积极的形象。

另外，在直播中主播常常会碰到各种类型的用户，如图 5-17 所示。这些用户由于自身的原因，在看待事情的角度、立场上常常是截然不同的，那么就要求主播在直播过程中有针对性地去进行引导，并根据不同类型的用户来进行自己情绪的管理。

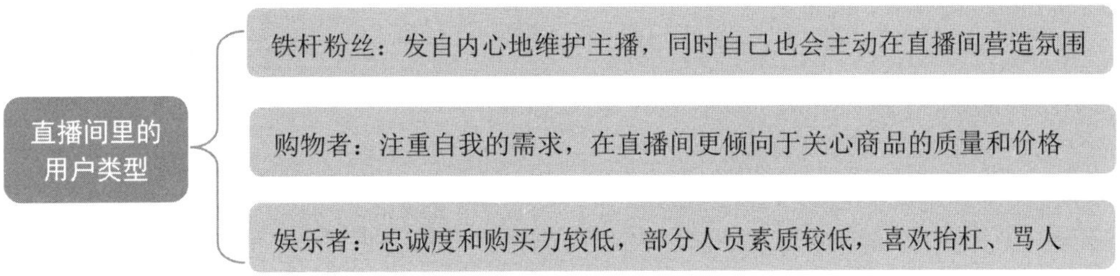

| 直播间里的用户类型 | 铁杆粉丝：发自内心地维护主播，同时自己也会主动在直播间营造氛围 |
| | 购物者：注重自我的需求，在直播间更倾向于关心商品的质量和价格 |
| | 娱乐者：忠诚度和购买力较低，部分人员素质较低，喜欢抬杠、骂人 |

图 5-17　直播间里的用户类型

在面对自己的铁杆粉丝时，主播的情绪管理可以不用太苛刻，适当地和他们表达自己的烦恼，宣泄一下压力，反而会更好地拉近和他们之间的关系。

在面对购物者类型的用户时，由于他们一般是以自我需求为出发点，很少会看重主播的人设或其他，只关心商品的质量和价格，此时就需要主播展现出积极主动的情绪，解决他们的疑惑，同时要诚恳地介绍商品。

娱乐者类型的用户中有部分人员素质较低，以宣泄自己的负面情绪为主，会在直播间和主播抬杠，并且以此为乐。这时，主播如果进行情绪管理，对他们表示忍让是没有意义的，可以在向其他粉丝表示歉意后，请场控帮忙处理。

有了一个情绪高昂的主播，接下来我们来看限量秒杀是如何调动粉丝情绪的。首先是"限量"，限量的意思是稀缺，物以稀为贵，往往机会越难得、价值越高的产品，吸引力就越大。其次是"秒杀"，产品的价值高，但是购买的时间短，与此同时可能有上亿的竞争对手，还可能会遇到网络卡顿等问题。

限量秒杀的对象不仅是物品，也可能是红包、游戏的皮肤等。以商品为例，当一件产品的库存为 500 件，观看直播的人数为 1000 人时，A 主播宣布秒杀时间为 10 秒，并告诉用户库存为 500 件；B 主播同样给用户 10 秒时间进行秒杀，但告诉他们只有 100 件库存。在相同的时间里，试问哪位主播的营销效果会更好呢？肯定是 B 主播。因为当产品进行限量供应之后，可以提高消费者对产品的价值感知，让用户有一种"买到就是赚到"的感觉。限量的意义不止于此，和一直稀缺的产品相比，先充足再稀缺的产品会更具有吸引力。

再如当一件产品的库存为 500 件，观看直播的人数为 1000 人时，A 主播宣布秒杀时间为 10 秒，并告诉用户只有 100 件库存，那么在这种情况下，用户的状态是一直都很紧张的；而 B 主播先告诉用户产品的库存为 500 件，当放上购买链接之后，突然告诉用户，库存只剩下不到 100 件了，此时还在犹豫和观望的用户的购买欲就会马上被激发出来，并迅速做出购买决策。

这就是先充足再稀缺的意义，这种营销方式会使产品价值变得更高。除了上面介绍的两种稀缺营销方式之外，还有第 3 种制造商品稀缺感的方式，即由争夺引起的稀缺感，具体操作方法如下。

同样假设一件产品的库存为 500 件，直播间观看直播的人数为 1000 人。

A 主播将产品上架一分钟后迅速下架，此时会有用户反馈"没抢到""卖完了"。接着主播在直播间与商家沟通，商家一开始会拒绝加量，在主播再三争取之后，再将商品重新上架销售。

B 主播与 A 主播进行一样的操作，开卖一分钟之后下架商品，随后告知用户产品已经售空，没抢到的评论 1，然后再将产品重新上架。

在上述两种情况中，很明显主播 A 的营销方式效果会更好。因为在限量销售的背后，主播还营造了一种"这个价格来之不易，过了这个村就没这个店"的感觉，使得用户在争夺中抢到商品，达到了很好的营销效果。如果在一场营销中，只有限量，却没有营造出粉丝互相争抢的氛围，其营销效果往往不会太好。这便是饥饿营销的最后一步，同时也是饥饿营销的真正含义。

当然，不管是用哪种营销方式，产品的性价比都是第一位的。以上 3 种饥饿营销的方式因情况的不同，营销的效果也会不同。主播与企业在使用饥饿营销方式时需根据自己的实际情况灵活运用，找到最适合自己直播间的方式，不能生搬硬套。

## 5.3.5　制造"神秘黑盒"

一般来说，大部分人对那些未知的、刺激的东西都会有一种想要去探索、了解的欲望。因此，主播在策划直播内容的时候就可以抓住用户的这一特点，让直播内容充满神秘感，来满足用户的猎奇心理，从而获得更多用户的关注，而关注的人越多，直播被转发的次数就会越多。

能够满足用户猎奇心理的最佳直播内容就是"神秘黑盒"，即商品福袋和商品搭配等，采用一口定价和盲拍的方式，让用户开袋就获得惊喜。

能够满足用户猎奇心理的直播内容常常会设下悬念，来引起用户的注意和兴趣；又或者是直播标题里面所出现的东西都是用户在日常生活中没见过、没听过、新奇的事情，只有这样，才会让用户在看到直播标题之后，想要去查看直播的内容。

不过，像这样具有神秘感的直播并不一定本身就很稀奇，而是在策划直播内容的时候，主播抓住用户喜欢的视角或者是用户好奇心比较大的视角来展开，让用户在看到之后会有想要查看直播具体内容的欲望和想法。

除了使物品具有神秘感，主播还可以邀请那些经过经纪公司专业培训的主播和娱乐明星作为直播间的"神秘大咖"，来参与直播互动，这样可以为粉丝带来惊喜，并拉高直播间的人气。

另外，主播还可以邀请一些民间的、具有某一技能或特色的"高手"来参与直播。所谓"高手在民间"，现实生活中总会有在某个领域有着突出技能或特点的人，主播可以邀请相关人士做直播，这样一方面可以丰富直播间的内容，并增加内容的趣味性；另一方面可以提高直播内容的独特性和稀缺性，吸引更多用户的注意。

还有一些主播是利用自身现有的资源来打造直播节目和内容的。虽然他们的节目可能在直播过程中还存在一些运营方面的问题需要改善，但是他们的直播内容却是根据自身的实践、思考和感悟来策划的，这样的直播内容更具有真实性和趣味性，也更能打动用户。

# 第6章

# 构思直播标题

许多用户在观看直播时，首先注意到的可能就是它的标题。因此，直播标题的好坏，将对它的相关数据造成很大的影响。那么，该如何打造爆款标题呢？本章笔者将介绍构思直播标题的技能。

# 6.1 关注必备要素

标题作为直播间的重要组成部分，是主播需要重点关注的内容。只有熟练掌握撰写标题的必备要素，才能更好、更快地撰写标题，使标题起到引人注目的作用。

那么，在拟写直播标题时，应当重点关注哪些方面，并进行切入和设计呢？接下来，我们就一起来看一下直播标题制作的 3 个要素。

## 6.1.1 加入点睛词汇

标题是直播间的"眼睛"，在直播过程中有着无法替代的作用。标题展示着一个直播的主旨，甚至是对故事背景的诠释，因此一个直播间点击率的高低，与标题有着不可分割的关系。

直播标题要想吸引用户，就必须有其点睛之处，而给直播标题"点睛"是需要一定技巧的。在撰写标题的时候，主播可以加入一些能够吸引用户眼球的词汇，比如"惊现""福利""震惊"等，这些"点睛"词汇能够让用户产生好奇心，从而点进直播间进行观看。

例如，福利型的标题是指在标题上向用户传递一种"看这个直播你就能赚到"的感觉，让用户自然而然地想要看直播。一般来说，福利型标题准确把握了用户想占便宜、获得利益的心理需求，让他们一看到"福利"的相关字眼就会忍不住想要了解直播的内容。

福利型标题的表达方法有两种，一种是比较直接的方法，另一种则是间接的表达方法，虽然方法不同，但是效果相差无几，如图 6-1 所示。

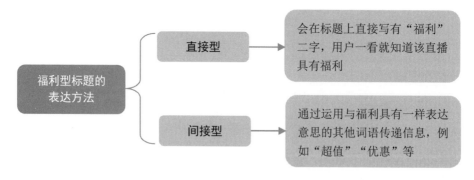

图 6-1 福利型标题的表达方法

　　值得注意的是，在撰写福利型标题的时候，无论是直接型还是间接型，都应该掌握 3 大技巧，如图 6-2 所示。

图 6-2　福利型标题的撰写技巧

　　福利型的标题通常会给用户带来一种惊喜之感，试想，如果直播标题中或明或暗地指出含有福利，你难道不会心动吗？而且福利型标题既可以吸引用户的注意力，又可以为用户带来实际利益，可谓是双赢。

　　当然，福利型标题在撰写的时候也要注意，不要因为侧重福利而偏离了主题，而且最好不要使用太长的标题，以免影响直播的传播效果。

## 6.1.2　突出重点内容

　　一个标题的好坏直接决定了直播点击率的高低，所以主播在撰写标题时，一定要突出重点，这样才能让用户在短时间内清楚地知道主播想要表达的是什么，用户也就自然愿意观看主播的直播内容了。

　　主播在撰写标题的时候，除了突出重点，还要尽量做到用语简短、朗朗上口，切忌撰写的标题成分过于复杂。用户在看到简单明了的标题时，会有一个比较舒适的视觉感受，阅读起来也更为方便。

　　例如，使用数字型标题就能很好地突出直播内容的重点。数字型标题是指在标题中呈现出具体的数字，通过数字的形式来概括相关的主题内容。数字不同于一般的文字，它会给用户留下比较深刻的印象，与用户的心灵产生奇妙的碰撞，更好地吸引用户的好奇心理。

　　在直播中采用数字型标题有 3 个好处，如图 6-3 所示。

　　数字型的标题很容易打造，因为它是一种概括性的标题。图 6-4 所示为撰写数字型标题的技巧。

　　此外，数字型标题还包括很多不同的类型，比如时间类、年龄类等，具体来说可以分为 3 种，如图 6-5 所示。

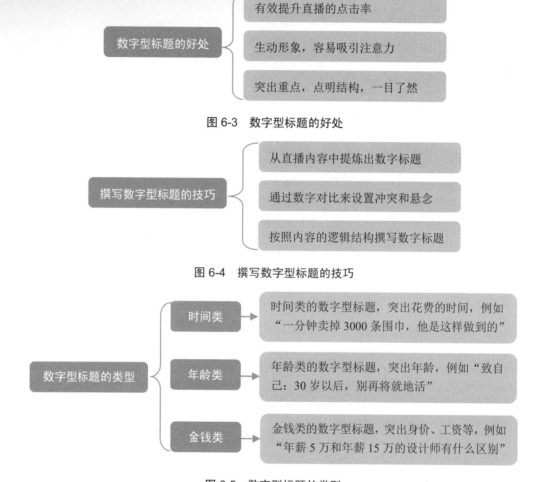

图 6-3　数字型标题的好处

图 6-4　撰写数字型标题的技巧

图 6-5　数字型标题的类型

　　数字型的标题比较常见，它通常会采用悬殊的对比、层层的递进等方式呈现，目的是营造一个比较新奇的情景，对用户造成视觉上和心理上的冲击。

　　很多内容都可以通过具体的数字来总结和表达，只要把想重点突出的内容提炼成数字即可。但要注意在打造数字型标题的时候，最好使用阿拉伯数字，并尽量把数字放在标题的前面。

## 6.1.3　不做"标题党"

　　标题是直播的"窗户"，如果用户能从这一扇窗户看到直播内容的一个大致提炼，就说明这个标题是合格的。换句话说，题目要体现出直播内容的主题。

　　虽然标题要起到吸引用户的作用，但是如果用户被某一标题吸引，进入直播之后却发现标题和内容主题联系得不紧密，或是完全没有联系，就会降低用户的信任度，甚至会让用户产生被欺骗的感觉，从而拉低直播间的点赞和转发量。

　　因此，主播在撰写标题的时候，一定要尽可能地让标题与内容主题紧密关联，切勿"挂羊头卖狗肉"，做"标题党"，而提问型标题就可以满足这一点。

　　提问型标题是将直播主题以提问的形式提出来，这样既可以体现直播内容，又可以引起用户的好奇心。图 6-6 所示为提问前置式标题，这类标题通常将提问词放在最前面，从而引起用户的注意。当用户看见"为什么""如何""怎样"等一系列词语时也会产生相同的疑问，从而引导用户点开直播寻求答案。

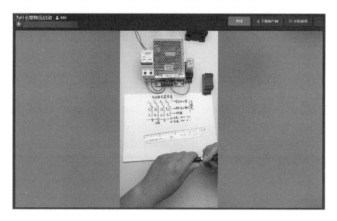

图 6-6　提问前置式标题案例

　　图 6-7 所示为提问后置式标题，这类标题将提问词放在标题的后半部分，来引起用户的兴趣。

图 6-7　提问后置式标题案例

当主播运用提问型标题将用户吸引进直播间后，一定要对标题中的问题进行解答，告知用户原因和应对的方法，这样可以避免用户产生被标题欺骗的感觉，让用户觉得观看这个直播不亏，也可以增加用户的停留时间和直播的点击率。

## 6.2 了解标题要求

一个直播间最先吸引观众的是什么？毋庸置疑是标题，好的标题才能让用户点进去查看直播内容，从而让直播上热门。因此，掌握一些标题创作技巧也就成了每个主播必须掌握的核心技能。

一些人认为好标题就是要夸张、劲爆，其实这种想法很显然是不负责任的。如果一味地追求夸张、劲爆，很容易成为"标题党"，甚至有的主播为了获得关注和点击率，用假标题来欺骗用户，这样对于用户来说是一种伤害，对于主播自己来说是一种消耗，甚至还有违规违法的风险。

笔者认为好标题要在合理的范围内营造直播氛围、调动用户的情绪，从而吸引更多用户的点击。本节介绍撰写标题的几个要求。

### 6.2.1 遵守评判原则

评判一个直播标题的好坏，不仅要看它是否有吸引力，还需要参照其他的一些原则。在遵守这些原则的基础上撰写的标题，能让直播更容易上热门。

**1．换位原则**

主播在拟定标题时，不能只站在自己的角度去想要推出什么，更要站在用户的角度去思考。也就是说，应该将自己当成用户，如果用户想知道这个问题，用户会用什么搜索词进行答案的搜索？这样写出来的直播标题才会更接近用户的心理感受。

因此，主播在拟写标题前，可以先将关键词在浏览器中进行搜索，然后从排名靠前的文案中找出直播标题的规律，再将这些规律用于自己要撰写的直播标题中。

**2．新颖原则**

新颖的标题可以马上抓住用户的注意力，让用户产生想要了解的兴趣，从而点进直播间。主播如果想要让自己的直播标题形式变得新颖，可以采取以下3种方法。

（1）创作直播标题要尽量使用问句，这样比较能引起人们的好奇心，例如"谁来'拯救'缺失的牙齿？"，用户可能会好奇为什么要"拯救"缺失的牙齿，牙齿是怎么缺失的，谁可以来"拯救"。抱着这样的好奇心理，用户就很有可能点进这个直播间来寻找答案。

（2）创作直播标题时要尽量写得详细，越详细的标题才越有吸引力。

（3）在标题中要尽量将利益写出来，如用户观看直播可以获得什么利益，都应该在标题中直接写明，以此增加标题对用户的影响力，如图 6-8 所示。

图 6-8　将利益标题化案例

### 3．组合原则

通过观察，我们可以发现能获得高流量的直播标题都是拥有多个关键词组合的标题，只有单个关键词的标题，排名、影响力通常不如有多个关键词的标题。

例如，如果仅在标题中嵌入"面膜"这一个关键词，那么用户在搜索时，只有搜索"面膜"这一个关键词，直播间才会被搜索出来；而如果标题上含有"面膜""变美""年轻"等多个关键词，那么用户在搜索其中任意关键词的时候，标题都会被搜索出来，标题"露脸"的机会也就更多了，直播间自然就能更容易被更多人看到了。

## 6.2.2　凸显直播主旨

俗话说："题好一半文。"它的意思是说，有一个好的题目，这篇文章就成功了一半。衡量一个标题好坏的方法有很多，而标题能否凸显直播的主旨是衡量一个标题好坏的主要参考依据。

如果一个标题不能够做到在用户看见它的第一眼就明白它想要表达的内容，由此得出该直播是否具有点击查看的价值，那么用户很有可能就会放弃观看这个直播间的内容。

直播标题能否凸显直播主旨这一衡量依据，将会造成什么样的结果呢？如果直播标题体现了直播主旨，那么用户就能发现标题和直播间的价值，从而点进直播间进行观看。这样一来，直播间观看人数、点击次数的数据就会变高，直播间上热门的概率也就变大了。反之，用户没办法从不能体现直播主旨的标题中找到自己需要的价值，也就不会进入直播间，直播间的数据就不会很高，上热门的概率也会变小。

综上所述，可以直观地看出，直播标题能否凸显直播主旨会直接影响直播的营销效果。因此，如果主播想要让自己的直播间上热门，那么在撰写直播标题的时候一定要多注意标题是否体现了主旨。

## 6.2.3　运用关键词

笔者在前文中介绍标题应该遵守的原则时，曾提及写标题要遵守关键词组合的原则，这样才能凭借更多的关键词来增加标题的"曝光率"，让直播间出现在更多用户的面前。在这里笔者将给大家介绍如何在标题中运用关键词。

在进行标题撰写的时候，主播需要充分考虑怎样去吸引目标用户的关注。而要实现这一目标，就需要运用关键词，并考虑关键词是否含有词根。

词根指的是词语的组成根本，只要有词根我们就可以组成不同的词。主播只有在标题中加入有词根的关键词，才能将标题的搜索量提高。

例如，一个直播间的标题为"10 分钟教你快速学会手机摄影"，这个标题中"手机摄影"就是关键词，而"摄影"就是词根，也就是说，当用户搜索"手机摄影"这个关键词时可以搜到这个直播间，而搜索"摄影"这个词根时也可以搜到这个直播间，提高了直播间被搜索到的概率。

## 6.3　掌握创作技巧

一般来说，除了封面之外，用户最先看的就是直播间的标题了，标题能起到"画龙点睛"的作用，是决定用户是否点击直播间的关键因素之一。本节笔者就来详细讲解 4 种类型的直播间标题创作技巧和 6 种标题创作误区，帮助新人主播提高直播间的点击率。

## 6.3.1　流行型标题

流行型标题就是将网上比较流行的词汇、短语、句子，例如"我太难了""硬核""柠檬精""宝藏男孩"等嵌入直播标题中，让用户一看就觉得十分有新意。

另外，主播还可以根据网友们平时讨论比较多的热点话题来打造标题，紧扣热点的直播标题能增加直播间的点击量，并获得用户的喜爱和发言。

不过，在撰写直播标题的时候，光抛出一件事情或一句话有时候是不够的，用户有时候也需要一些引导和指示，此时在标题中嵌入"这""这些"就显得十分有必要了。"这""这些"都是指向性非常明确的关键词，只要运用恰当就可以提高直播间的点击率，如图 6-9 所示。

图 6-9 带有指向性非常明确的关键词的直播标题案例

这两个词在标题里的应用原理也很简单，举个例子，比如有人告诉你某个地方正在发生一件很奇怪的事情，当你想知道是什么奇怪的事情时，他却只跟你说在哪里发生的，而不将这件事情讲给你听，你就会自己去看看到底是什么奇怪的事情。

这一类带有"这""这些"的标题就是以这样的方式来吸引用户的。而在直播间标题中嵌入这些词的目的也很明确，就是在告诉用户这里有他想知道的内容，或者这里有他必须知道的内容，从而让用户点击直播间。

## 6.3.2 借势型标题

借势主要是借助热度和时下流行的趋势来进行传播，借势型标题的运用有以下几个技巧。

### 1. 借助热点

热点最大的特点就是关注的人数多，所以巧借热点写出来的直播标题，其关注度和浏览量都会很高。那么，我们应该如何寻找并利用热点呢？

主播平时可以多在网上关注明星动态、社会事件和国家新出台的政策等，然后将这些热点与直播的主题内容结合起来，这样就能吸引那些关注和讨论这些热点的用户的兴趣和注意力。

图 6-10 所示为借助钱塘江大潮热点的直播标题案例。通过对钱塘江罕见的鱼鳞潮进行直播，吸引了一批又一批用户前来观看，直播间累计观看人数超过 90 万，成为直播界的又一个热点。

图 6-10　借助热点的直播标题案例

### 2. 借助流行元素

很多主播在撰写直播标题的时候，会经常借用一些流行元素，以此来引发用户的情感共鸣，达到让用户点击的目的。流行元素有点类似于"彩蛋"。所谓"彩蛋"，就是那些在作品中如果不仔细寻找就可能被忽略的有趣细节，它的作用就是利用人们的怀旧心理，给观众制造意外的惊喜。

### 3. 借助名人

名人具有一定的影响力，特别是那些娱乐明星，因此很多企业在发布新产品的时候，通常会请名人来代言，借助名人的影响力来增加新产品的热度和宣传效果。对于主播来说，也可以借助名人的影响力提高直播间的人气，从而为主播直播带货起到很好的营销作用。

借助名人的影响力一般有两种情况，一种是在直播标题中直接用名人的名字来命名，另一种是请名人来直播间做嘉宾参与直播。需要注意的是，主播在选择名人时，不能只看谁的名气大，而是要充分了解名人的情况，选择一个口碑好、与直播间定位和产品定位相符合的名人。如果主播选择在直播标题中直接用名人的名字来命名，一定要在直播前就与名人沟通好，取得名人的同意，避免侵权。

#### 4. 方案借势

在直播标题的撰写中，通过方案借势来打造或推广品牌的这种方式非常有效，尤其是在大品牌中运用方案借势的效果更为明显。大品牌用方案来为直播造势的例子有很多，比如"双十一狂欢购物节""520告白节""京东618"等。图6-11所示为借势中秋好物节的直播标题案例。

图6-11　借势中秋好物节的直播标题案例

## 6.3.3　提问型标题

6.1.3小节用了两个提问案例，说明了提问型标题能将内容与标题紧密联系起来，获得用户的信任。接下来笔者将重点介绍提问型标题有哪几种以及如何使用它们。

#### 1. 疑问句式

在直播标题的撰写中，疑问句式的标题效果主要表现在两个方面，一是疑问句式中所涉及的话题大多和用户关系比较密切，所以用户的关注度比较高；二是疑问句式本身就能够引起用户的注意，激发其好奇心，从而促使用户点进直播间。

疑问句式的直播标题都有一些比较固定的句式，通常都是提出某个具体的问题让用户思考，当用户对此产生兴趣和好奇之后，就会产生到直播内容当中寻找原因和答案的冲动，这样无形之中就提高了直播的点击率。

图 6-12 所示就是两个典型的疑问句式标题案例。标题中的"你吃过吗"会引起用户的思考，让用户忍不住问自己图片中的产品有没有吃过，并对主播的直播间感到好奇，从而产生了点进去看一看的想法。

图 6-12　疑问句式的标题案例

### 2．方式提问

方式提问最常见的形式就是"如何"式，"如何"的意思就是采取什么样的方式或方法，运用"如何"式的提问型标题有利于帮助用户解决实际问题。图 6-13 所示为"如何"式的直播标题案例。

该案例中的直播标题为"如何剪辑高清优质作品"，对喜欢视频剪辑、想将视频剪辑作为事业的人有很大的吸引力。这样的标题能精确定位直播的用户人群，帮助主播快速找到自己的目标用户。

### 3．反问标题

反问句是一种特殊的疑问句，其作用是加强语气，将这样的句式运用到直播的标题中能引发用户反思，给用户留下深刻的印象。反问句分为肯定反问句和否定反问句，反问句常见的句式大都是否定反问句，也是暗示肯定的意思。图 6-14 为反问句型的直播标题案例。

图 6-13　"如何"式的直播标题案例

图 6-14　反问句型的直播标题案例

从该直播标题案例中我们可以看出，主播通过"你确定不来？"的反问，明确地表达"你应该来"的观点和态度。反问句式的直播标题有强调的作用和效果，能加强语气和气势，更能引起用户的注意和兴趣，还有引发用户反思的作用。

### 4．文题相符

所谓"文题相符"就是指直播标题中所提的问题要和直播的内容相符合。主播在撰写直播标题的时候，要保证标题和内容的相关性，不能做恶性的"标题党"。恶性的"标题党"是指为了吸引用户的注意力，一味地假造标题，这样做既欺骗了用户，也浪费了用户的时间。

如果直播标题的提问和直播内容完全没有联系，即使用户被标题吸引而进入直播间，也会在观看直播内容时逐渐地失去兴趣。这样不仅会降低用户的观看体验度，还会引起用户的反感，致使用户流失。

## 6.3.4　语言型标题

所谓语言型标题，即利用修辞表达方式提升标题语言的表达效果。下面笔者就来详细讲解语言型标题在直播间的各种运用。

### 1．进行比喻

在标题写作中，经常使用的比喻修辞手法有明喻、暗喻和借喻，它们的区别如图 6-15 所示。

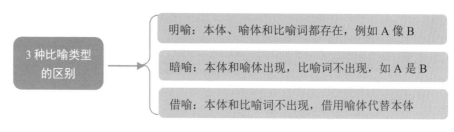

图 6-15　3 种比喻类型的区别

### 2．拟人

拟人便是将事物人格化，为事物赋予人的一些动作、语言和思想。运用拟人的修辞手法可以使描写的事物更加生动形象，更具有生命力，让用户更能直观地感受事物的形态特征，也更容易理解主播想传达的思想情感。

主播在标题中运用拟人的修辞手法可以让标题显得与众不同，从而更吸引用户的注意。但主播在追求标题独特性的同时要注意标题的通俗易懂，千万不能为了运用修辞手法而特意撰写晦涩难懂的直播间标题，这样只会让用户对直播间失去兴趣，对提高直播间的点击率毫无帮助。

### 3．标题对偶

对偶也称为对仗，是指字数相称，意思相近，对仗工整的句子。这样的句子前后联系十分紧密，不可分割，在文学创作上经常用到。对偶的运用能使句子结构更富有层次感，韵味十足，更能吸引用户的注意。

对偶式标题的节奏感很强，读起来也朗朗上口，用户看一遍就能记住和理解其中的意思，这样可以使直播的标题更容易传播和推广出去，从而达到提升直播间人气和点击率的目的。

在直播标题上运用对偶时需要注意，因为直播标题的字数有限制，每个短语或者句子的字数不能太长，而且太长也会让用户读起来比较拗口，容易产生视觉疲劳，降低用户的体验感，所以主播在撰写对偶式的直播标题时，语句要尽量精简、凝练，这样才能给用户比较好的视觉感受。

图 6-16 所示为对偶式标题的案例，其中的直播标题为"手快有，手慢无"，通俗易懂，对仗工整，富有节奏感，而且还带着一点紧迫感，促使用户赶快进入直播间下单，是典型的对偶式标题。

图 6-16　对偶式的直播标题案例

### 4．用"谐音梗"

"谐音梗"是用同音或近音字来取代本来的字，以产生趣味的修辞手法。这种手法经常被应用于创意广告的文案中，用来吸引用户的眼球。例如房地产广告"男儿志在四房"；服装店广告"人生得衣须尽欢"；餐饮美食广告"吃之以恒"等。

在直播标题中，使用"谐音梗"同样能让标题更加形象有趣，大大提高标题的吸引力和关注度，而且也能让用户明白主播想要表达的意思。图 6-17 所示为某直播间的谐音标题案例，将成语"天真无邪"改为"天真有鞋"，既增加了标题的趣味性，又与主题紧密地联系起来，充分运用了"谐音梗"。

### 5．利用幽默

幽默，简单来说就是让人开怀大笑的意思。但"幽默"一词与单纯的搞笑又有很大的不同，幽默中的搞笑，可以让人在发笑的同时，又能感受到主播想要表达的字面以外的意思。

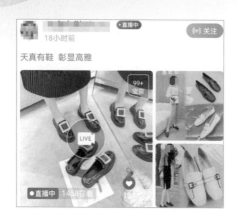

图 6-17　谐音标题案例

　　幽默式标题通常以出其不意的想象和智慧让用户忍俊不禁，在使直播标题吸引用户的同时，还能让用户印象深刻，从而激发用户观看直播间的兴趣。在直播标题当中，用到幽默式标题，不仅能够让用户会心一笑，还能让用户在笑过之后理解标题里更深层的意思，达到主播预期的目的。

### 6．合理运用典故

　　在直播标题中运用历史故事，尤其是历史典故，能够让直播间变得更加出彩。一般来说，标题中所采用的历史人物或者故事大都是家喻户晓或者知名度比较高的，因而推广起来不会有难度，在直播间的标题中恰当地运用典故，能使主播所讲的言论有历史依据，这样一来，增强了主播的可信度。

　　恰当地应用典故，能让标题十分具有说服力，并增加用户的关注度。另外，人们都爱听故事、看故事，虽然直播标题里面的典故都是人们已经很熟悉的，但又有所创新，因此可以再次吸引用户的目光。

　　例如，主播的直播内容是一个三国题材的游戏，那么标题可以叫作"三顾茅庐"，采用这个典故作为标题，一方面，因为它可谓是家喻户晓，看到标题的用户可以很快了解是什么意思；另一方面，为了告诉用户直播中的游戏内容情节是和"三顾茅庐"这段历史有关的，这样能吸引对此感兴趣的用户点击观看。

## 6.3.5　了解常见误区

　　在撰写标题时，主播还要注意不要走入误区，一旦标题失误，便会对直播的数据造成不可小觑的影响。下面从标题容易出现的 6 大误区出发，介绍主播应该如何更好地打造直播标题。

### 1. 表述含糊

在撰写标题时，主播要注意避免为了追求标题的新奇性而出现表述含糊的现象。很多主播会为了使自己的直播标题吸引更多用户的目光，一味地追求标题上的新奇，这可能会导致标题的语言含糊其词。

什么是表述含糊？所谓"含糊"，是指语言不确定，或者表达方式或表达的意义模棱两可。在标题上表述"含糊"是指用户无法通过标题来了解主播的意图和直播间的内容。这会降低用户对直播间的好感和兴趣。

因此，在撰写标题时，主播尤其要注意标题表达的清晰性，重点要明确，要让用户在看到标题的时候，就能知道直播内容大致讲的是什么。

一般来说，要想将标题表述清晰，就要做到找准内容的重点，并明确内容中的名词，比如人名、地名、事物名等。例如，观点型标题就是以表达观点为核心的一种标题撰写形式，一般会在标题上精准到人，并且把人名嵌入标题。值得注意的是，这种类型的标题还会在人名的后面紧接对某件事的个人观点或看法。

观点型标题比较常见，而且使用的范围比较广泛，常用公式有 5 种，如图 6-18 所示。

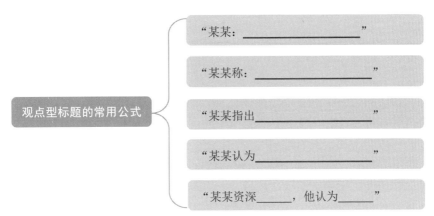

图 6-18　观点型标题的常用公式

当然，公式是一个比较刻板的东西，在实际撰写标题的过程中，不可能完全按照公式来做，它只能为我们提供大致的方向。那么，在具体撰写观点型标题时，有哪些经验技巧可以借鉴呢？笔者将其总结为 3 点，如图 6-19 所示。

### 2. 无关词汇

一些主播为了让自己的标题变得更加有趣，会使用一些与标题、内容没有多大联系，甚至是根本没有关联的词汇，想以此达到吸引用户注意力的目的。

这样的标题可能在刚开始时能引起用户的注意，用户可能也会被标题所吸引而点击查看内容。但时间一长，用户便会拒绝这样随意添加无关词汇的标题，这样的结果所造成的影响对于直播间来说是深远的。所以，主播在撰写标题时，一定不要将无关词汇使用到标题当中去。

图 6-19　观点型标题的撰写技巧

在标题中使用的无关词汇，常见的类型有 3 种，如图 6-20 所示。

图 6-20　在标题中使用无关词汇的类型

主播在撰写标题时，词汇的使用一定要与直播内容有所关联，不能为了追求标题的趣味性就随意乱用词汇，而是应该学会巧妙地将词汇与标题的内容紧密结合，让词汇和标题内容融会贯通，只有这样才算得上是一个成功的标题，否则很容易会对用户造成一定程度的欺骗，变成所谓的"标题党"。

除了要避免使用无关词汇，主播在撰写标题时也要注意标题的冲击力，让标题做到字少力量强。而所谓"冲击力"，指的是在视觉和心灵上带给人触动的力量，也是引起用户关注的原因所在。

主播在撰写具有冲击力的标题时，要善于利用"第一次"和"比……还重要"等类似的、具有极端性特点的词汇。这是因为用户往往会比较关注那些具有突出特点的事物，而"第一次"和"比……还重要"等词汇是最能充分体现其突出特性的，能带给用户强大的戏剧冲击感和视觉刺激感，如图 6-21 所示。

### 3．负面表达

撰写一个标题，其目的就在于吸引用户的目光，只有标题吸引到了用户的注意，用户才会想要去查看直播的内容。基于这一情况，直播标题出现了一味追求吸睛而大量使用负面表达的现象。

图 6-21  "第一次"直播标题案例

图 6-22 所示为医生或者有关健康方面的专家所开设的正面表达直播标题案例。标题选用"肠道健康的重要性""健康小驿站"等带有正面含义的表达，给人一种积极向上的正能量。

图 6-22  正面表达的标题案例

人天生都愿意接受好的东西，而不愿意接受坏的东西。这一情况也提醒主播在撰写标题时要尽量避免太过负面的表达方式，而是要用正面的、健康的、积极的方式表达出来，给用户一个好的引导。

警告型标题也是一种避免负面表达的标题类型。警告型标题常常通过发人深省的内容和严肃深沉的语调给用户以强烈的心理暗示，从而给他们留下深刻印象。优秀的警告型标题应该是内容上突出重点，形式上不花哨、不啰唆。

警告型标题一般通过标题给人以警示作用，引起直播用户的高度注意，从而提高点击率。它通常会将以下 3 种内容移植到直播标题中，如图 6-23 所示。

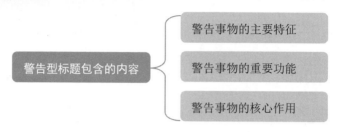

图 6-23　警告型标题包含的内容

在运用警告型标题时，主播需要注意与直播的内容是否相符，因为并不是每一个直播间都可以使用这种类型的标题。如果运用得恰当，可以为直播加分，起到其他标题无法替代的作用；否则很容易让用户产生反感情绪或引起一些不必要的麻烦。

那么，应该如何构思打造警告型标题呢？笔者分享 3 点技巧，如图 6-24 所示。

图 6-24　打造警告型标题的技巧

选用警告型标题这一标题形式，主要是为了提升用户的关注度。因为警告的方式往往更加醒目，而用户对涉及自身利益的事情都会很关心，如果标题让用户觉得不看就可能会让自己的利益受损，那么可能本来不想看的用户，也会点击查看。

### 4．胡编乱造

主播在撰写标题时，虽然可以用文学中的一些手法，比如夸张、比喻等，但这并不代表就能毫无上限地夸张，把没有的说成有的，把虚假说成真实，在没有准确数据和调查结果的情况下冒充"第一"，这在标题的撰写中是不可取的。

主播在撰写标题时，要结合自己发布的直播内容的实际情况，来进行适当的艺术加工，而不能随意夸张，胡编乱造。如果想要使用"第一"或者意思与之差不多的词汇，不仅要有真实的数据调查，还要得到有关部门的允许。如果随意使用"第一"这类词汇，不仅对直播的运营有负面影响，还可能会对用户造成欺骗和误导，而且这也是法律所不允许的。

## 5．比喻不当

比喻式的标题能将某事物变得更为具体和生动，具有化抽象为具体的强大功能。因此，采用比喻的形式撰写标题，可以让用户更加清楚地理解标题当中出现的内容，或者是主播想要表达的思想和情绪，这对于提高直播的相关数据能起到十分积极的作用。

但是，在标题中运用比喻，也要注意比喻是否得当的问题。一些主播在盲目追求用比喻式的标题来吸引用户目光的时候，常常会出现比喻不当的错误，也就是本体和喻体没有太大联系，或毫无相关性。

在标题中，一旦比喻不当，用户就很难在其中收获自己想要的信息，那么标题也就失去了它存在的意义。这不仅不能被用户接受和喜爱，还可能让用户产生疑惑和困惑，从而影响直播的传播效果。

## 6．强加于人

强加于人，就是将一个人的想法或态度强行加到另一个人身上，不管对方喜不喜欢，愿不愿意，都得接受，带有强烈的主观意识。在撰写标题时，"强加于人"是指主播将本身或者某一品牌的想法和概念植入到标题之中，强行灌输给用户，给用户一种强迫的感觉。

图 6-25 所示为强加于人的标题案例。不同的人对车自然有不同的喜好，有的人喜欢国产车，有的人喜欢德系车，在买车的时候自然也是根据自己的喜好来决定的，但这个标题"人生必须拥有一辆法系车"就给人一种只有法系车好，大家买车都应该买法系车的感觉，强硬的语气很容易让喜欢其他车系的用户觉得受到了冒犯，导致其根本不会点进直播间，甚至可能对直播间产生反感。

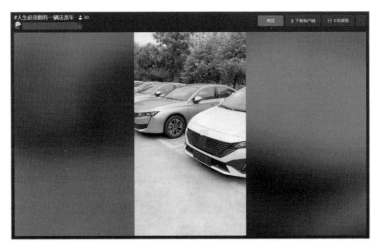

图 6-25　强加于人的标题案例

当一个标题太过气势凌人的时候，用户不仅不会接受该标题所表达的想法，还会产生抵触心理——越让用户看，用户就越不会看；越想让他们接受，他们就越不接受。如此循环往复，最后受损失的还是主播或者品牌自身。

与强加于人标题相反的是急迫型标题。由于很多人或多或少会有一点拖延症，总是需要在他人的催促下才愿意动手去做一件事，富有急迫感的标题就有一种催促的意味在里面，它能够给用户传递一种紧迫感，但又不会使其感到步步紧逼。

使用急迫型标题时，往往会让用户产生现在就会错过什么的感觉。那么，这类标题具体应该如何打造呢？笔者将其相关技巧总结如下，如图 6-26 所示。

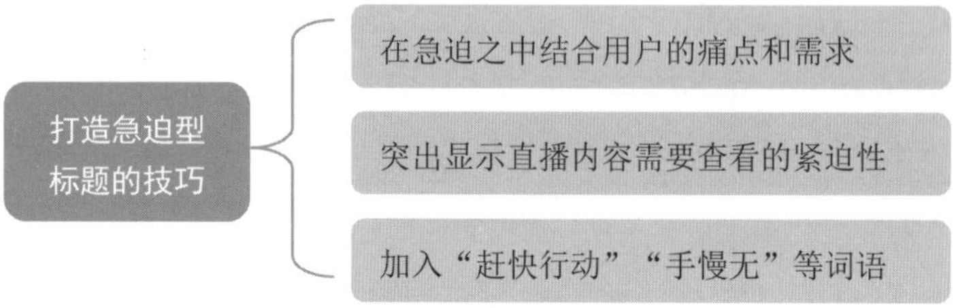

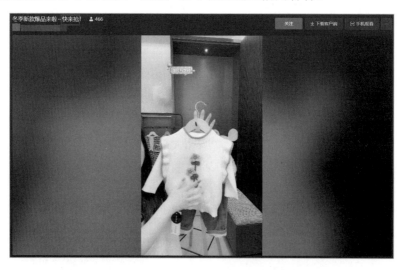

图 6-26　打造急迫型标题的技巧

急迫型标题是促使用户行动起来的最佳手段，也是切合用户利益的一种标题形式。图 6-27 所示为急迫型标题的典型案例，标题中的"快来抢！"会给用户一种不快点进来就会没有的心理暗示，让用户忍不住点进直播间看看。

图 6-27　急迫型标题案例

# 引流运营篇

# 第 7 章

# 快速获取流量

对于主播来说，粉丝就是最大且最稳定的流量来源，只有粉丝越多，主播的人气才越高，价值才越大，也才有可能获得更多粉丝和流量收益。本章主要讲解主播如何快速获取粉丝和流量的方法，帮助大家快速成为人气主播。

# 7.1 设置直播预告

很多新人主播都会遇到一个问题，那就是刚开播的时候观众寥寥无几，直播间显得非常冷清。这主要是因为没有做好直播前的预热工作，也就是没有进行直播前的预告设置，导致没有人知道主播开播了，自然没什么人来直播间。直播前的预告设置包括直播时间的预告、直播封面的预告以及直播标题的预告等一系列环节和步骤。

对于主播来说，要想让自己的直播达到预期的效果，直播前的预热工作一定要做，它关系到观看直播的用户数量，影响主播的人气和直播的热度。本节主要讲解直播前的预告设置，让主播拥有一个良好的开端。

## 7.1.1 预告直播时间

直播时间的预告包含两个时间，一个指的是直播开始的时间预告，另一个指的是发布直播预告的时间。这两者的区别在哪呢？具体内容如下。

(1) 直播开始的时间，顾名思义，就是指主播正式开始进行直播的时间点。

(2) 直播预告的时间，指的是主播的直播预告是在什么时候发布的，这个时间一定要早于直播开始的时间。

图 7-1 所示为某主播发布的直播时间预告，可以看到直播开始的时间是 9 月 2 日的晚上八点半，而这则直播预告发布的时间是 9 月 1 日的晚上九点多，两个时间相差了近 24 小时，这样才能保证有充足的时间让用户看到预告，知道什么时候有直播。

图 7-1 直播时间预告

另外，主播在不同的时间段直播，获得的直播效果是不同的。例如，在早上直播的竞争压力比较小，而且收入相对稳定，是圈粉的好时机，因此，选择在早晨直播可以帮助主播轻松提升人气。

在中午或晚上直播也是不错的选择，因为这两个时间段都是用户的休息时间，用户的观看时间比较稳定，非常有利于粉丝的维护。尤其是晚上，这是直播的黄金时间段，观看直播的人数会特别多，用户活跃度也非常高。

## 7.1.2　制作封面图片

直播封面的预告准备也就是直播的封面，它就相当于产品的营销宣传海报，是吸引用户对直播内容感兴趣的最好展示位，因此，直播的封面图片一定要足够吸引用户的眼球，让用户产生想要观看和了解直播的欲望。

那么，该如何来设计出色的直播封面图片呢？关于直播封面图片的规范，笔者总结了以下几点，如图 7-2 所示。

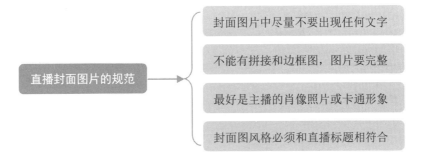

图 7-2　直播封面图片的规范

下面来看两幅符合规范并具有吸引力的直播封面图片，如图 7-3 所示。

图 7-3　直播封面图片的案例展示

## 7.1.3　撰写直播标题

除了直播封面的设计之外，直播标题的打造也非常重要，标题和封面决定了直播的点击率和人气，所以要想吸引更多的用户和流量，就必须撰写一个符合用户需求并且能引起用户好奇心的标题。那么这样的直播标题该如何来打造呢？笔者根据自身的经验总结了以下几点直播标题撰写的方法和技巧，如图 7-4 所示。

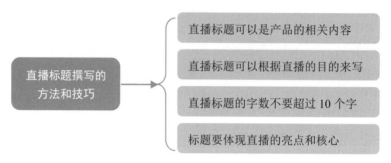

图 7-4　直播标题撰写的方法和技巧

总而言之，直播标题的打造要求以能第一时间吸引用户的眼球为标准。下面我们就来看一些比较吸引用户的直播标题案例，如图 7-5 所示。

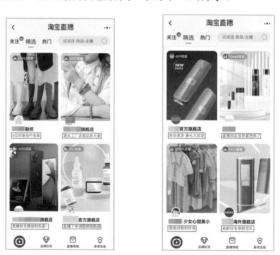

图 7-5　比较吸引用户的直播标题案例展示

从上面的直播标题案例中可以看出，运用"免单""满额赠""秒杀"等这些体现优惠和福利的词语可以提升标题的吸引力，让用户觉得看直播可以得到一些实惠，从而点进直播间。

## 7.1.4 设置直播标签

就像做自媒体需要设置内容标签一样,做直播也需要设置标签,标签设置得越精准,就可以获得越多的平台推荐次数,增加直播内容的曝光率,从而吸引更多的流量和粉丝。而且,"踩中标签"还有利于保证内容的垂直度,提升账号的权重。

主播在设置直播标签时,需要注意以下几点,如图7-6所示。

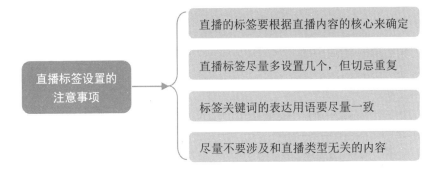

图 7-6 直播标签设置的注意事项

图7-7所示分别为B站直播平台和淘宝直播中的部分直播标签。

图 7-7 B站直播平台和淘宝直播中的部分直播标签

## 7.1.5 设置直播位置

主播在进行直播之前,可以决定是否显示直播所在的位置,从而吸引附近和同城的用户。那么具体该怎么做呢？下面笔者以抖音直播为例来介绍具体的操作方法。

**步骤 01** 打开抖音 App，在"首页"界面的底部点击 ■ 按钮，如图 7-8 所示。

**步骤 02** 执行操作后，进入"快拍"界面，点击"开直播"按钮，即可进入"开直播"界面，如图 7-9 所示。

图 7-8 点击相应按钮

图 7-9 进入"开直播"界面

**步骤 03** 在"开直播"界面中点击"开启位置"按钮；在弹出的列表框中选择"显示位置"选项，如图 7-10 所示。

**步骤 04** 执行操作后，即可显示主播的位置，如图 7-11 所示，点击"开始视频直播"按钮，就可以开启直播并将直播间推送给附近的人。

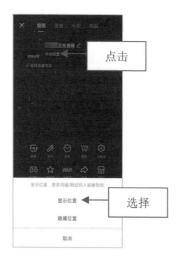

图 7-10 选择"显示位置"选项

图 7-11 显示主播的位置

## 7.1.6 挑选带货产品

对于直播带货的主播来说，直播产品的选品环节是非常重要的，产品选择是否合适决定了主播的销量和业绩，进而影响主播的价值和收益。因此，主播应该从以下几个方面来考虑产品的选择，如图 7-12 所示。

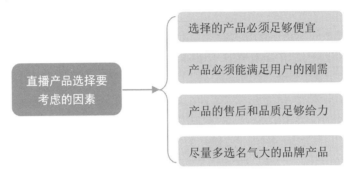

图 7-12　直播产品选择要考虑的因素

其实，对于电商直播带货这个行业来说，真正重要的是产品本身和价格，以及整个供应链背后的运作团队，只要产品足够好，足够刚需，价格足够便宜，随便哪个主播都能卖出不错的销售业绩。

# 7.2 多平台引流

主播想要获取更多的流量，光在直播平台吸粉是远远不够的，还需要学会将其他平台和渠道的流量也吸引过来。本节主要介绍社交平台、店铺预热、口碑营销、平台联盟和地推活动这 5 种引流方法。

## 7.2.1 利用社交平台

在直播前对直播进行推广和预热是十分有必要的，只有这样才能保证开播时有一定的流量。下面笔者就以微博、微信、知乎、喜马拉雅这 4 个社交平台为例，来教大家如何在社交平台进行直播的推广和预热。

### 1. 微博

在微博平台，用户只需要用很短的文字就能反映自己的心情或者发布信息，这样便捷、快速的信息分享方式使得大多数企业、商家和直播平台开始抢占微博营销阵地，利用微博"微营销"开启网络营销市场的新天地。

在微博上引流主要有两种方式，分别是展示位展示相关信息，以及在微博内容中提及直播。更为常见的就是在微博内容中提及直播或者相关产品，增加宣传力度和直播的热度。例如，各大直播平台都开通了自己的微博账号，而主播、明星、名人也可以在自己的微博里分享自己的直播链接，借此吸引更多粉丝。

图 7-13 所示为某企业在微博发布直播预告进行预热。

图 7-13　某企业在微博发布的直播预告

### 2. 微信

微信与微博不同，微博是广布式，而微信是投递式的营销方式，引流效果更加精准。主播可以将直播链接分享给微信好友，这样就可以将微信好友转化为自己的直播粉丝。主播还可以让好友帮忙转发直播信息，这种推广方法对于新人主播来说更为适用，因为熟人会更愿意帮助推广，逐渐扩大影响力，这样才能吸引新用户的注意，获得更多流量。图 7-14 所示为将直播链接分享给微信好友的案例。

朋友圈这个平台对于主播来说，虽然一次性传播的范围比较小，但是从对用户的影响程度来说，有着其他平台无法比拟的优势，如图 7-15 所示。

通过微信群发布自己的作品，其他群用户点击视频后可以直接查看内容，增加内容的曝光率。但要注意发布信息的时间应尽量与原视频直播时间同步，也就是说，在快手、抖音等平台发布了直播预热信息后马上分享到微信群，但不能太频繁。

在微信平台上，我们可以通过将直播信息转发到朋友圈和微信社群来引流，如图 7-16 所示。

图 7-14 将直播链接分享给微信好友

图 7-15 微信朋友圈拉新的优势

图 7-16 在朋友圈和微信群分享直播信息

## 3．知乎

知乎是一个分享知识以及经验交流的平台，我们可以在上面进行分享知识和经验的直播。图7-17所示为知乎直播。

图7-17　知乎直播

除了直播以外，主播还可以在知乎上开设 Live(实时的，现场直播的)讲座，如图7-18所示。相比直播而言，Live 讲座的内容更具干货性。

图7-18　Live 讲座

### 4.喜马拉雅

音频内容的传播适用范围更为多样，运动、读书甚至工作等多种场景，都能在悠闲的时候收听音频节目，相比视频来说，音频更能满足用户的碎片化需求。对于主播来说，利用音频平台来宣传主播和直播信息，是一个非常不错的营销思路。

音频营销是一种新兴的营销方式，它主要以音频为内容的传播载体，通过音频节目推广品牌、营销产品。随着移动互联网的发展，以音频节目为主的网络电台迎来了新机遇，音频营销也得以进一步发展。音频营销的特点具体如下。

(1) 闭屏特点。

闭屏特点能让信息更有效地传递给用户，这对品牌、产品的推广营销是更有价值的。

(2) 伴随特点。

相比视频、文字等载体来说，音频具有独特的伴随属性，它不需要在视觉上投入精力，只需耳朵收听即可。

以喜马拉雅 FM 为例，它是一款知名的音频分享的应用，用户可以通过它收听国内外几十万个音频栏目。而且相比其他音频平台，喜马拉雅 FM 具有以下功能特点，如图 7-19 所示。

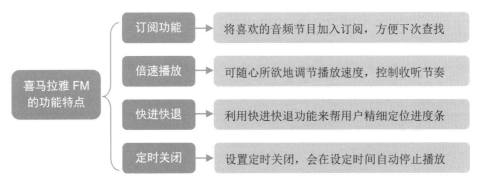

图 7-19　喜马拉雅 FM 的功能特点

在喜马拉雅 FM 平台上，用户可以直接通过搜索栏寻找自己喜欢的音频节目。对此，主播只需根据自身内容，选择热门关键词作为标题便可将内容传播给目标用户。主播应该充分利用用户碎片化的需求，通过音频平台来发布直播信息广告。音频广告的营销效果相比其他形式的广告投放更为精准，而且音频广告的运营成本也比较低，十分适合新人主播。

## 7.2.2　进行店铺预热

除了利用社交平台进行站外拉新之外，还可以通过对商家店铺、微淘等渠道进行预热，引导用户访问直播间进行站内拉新，提高直播间活跃度，进而获得更多的流量和曝光度。

接下来笔者以淘宝平台为例，向大家具体介绍几种站内拉新的方式。

（1）在淘宝店铺的首页可以放入预热模板，如图7-20所示。

（2）商家可以设置客服自动回复，使用户能看到直播信息，如图7-21所示。

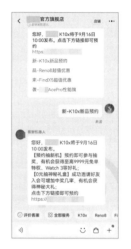

图7-20　淘宝店铺首页预热　　　　　图7-21　设置客服自动回复

（3）在淘宝店铺的"店铺动态"界面中发布直播信息也是一个有效、直接的方式，如图7-22所示。

图7-22　在"店铺动态"界面中发布的直播信息

## 7.2.3　打造良好口碑

"种草"是在口碑营销中所产生的词汇，那么有哪些可以形成口碑的因素呢？可以从两点出发：第一点是服务，就是提高产品的服务，进而形成口碑；第二点是性价比，主播可以利用性价比形成口碑，从而进行种草。

### 1．优质服务

优质服务能让消费者在消费过程中获得好的购买体验，因此服务也是销售中的重点。在直播带货中，可以通过树立好的人设赢得粉丝的喜爱，换句话说，就是让粉丝觉得主播是一个良心主播，推荐的产品也让人放心。

优质的服务都会站在用户的角度，让用户感到开心、满足，这是用户服务口碑建立的开端。素来以优质服务取胜的品牌有海底捞和胖东来等。

物流服务也是提高服务质量的重点，用户收货的时间花费得越短，用户对店铺的印象也就越好。给用户提供快速的物流服务，让用户拥有很好的物流服务体验，也可以为自己的品牌赢得很好的口碑。

### 2．高性价比

性价比是口碑种草中的常见词汇，性价比的重点在于价格与品质的平衡，产品本身的价值与价格相匹配，或者超出产品价格，性价比高的产品的价格大多较为实在，但并不等于平价产品。

在利用产品的性价比进行直播带货时，重点表现的是产品的质量以及价格的平衡，性价比针对的群体多为实用型的用户，性价比推荐的产品多为平价，或者中端产品。例如，Redmi手机、荣耀手机等。

直播带货中影响口碑种草的因素有两个：产品和主播，如图7-23所示。

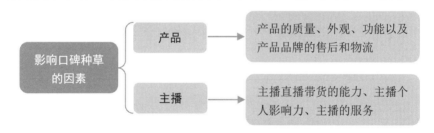

图 7-23　直播带货中影响口碑种草的因素

一些平台会针对直播中的商品按照热度进行排名，排名榜的存在推动了产品的口碑种草，让更多的用户根据榜单热度下单。

一个好的口碑又具有哪些影响呢？具体内容如下。

(1) 挖掘潜在消费者。

口碑营销在消费者中影响重大，尤其是潜在消费者，这类用户会询问使用过产品的消费者其购买体验，或者查看产品下方的评论。所以，已使用过产品的消费者口中的评价，在很大程度上会动摇或促使潜在用户的购买。

（2）提高产品复购率。

对于品牌来说，信誉，也就是所谓的口碑，是社会认同的体现，所以好口碑的品牌，也是提高产品复购率的利器，同时也反映了品牌的信誉值。

（3）增强营销说服力。

口碑营销相对于传统营销，更具感染力，口碑营销的营销者是那些使用过产品的用户，而不是品牌方，这些使用过产品的用户与潜在用户一样都属于消费者，在购买建议上更具说服力。

（4）节约营销成本。

口碑的建立能够节约品牌在广告投放上的成本，为企业的长期发展节省宣传成本，并且替品牌进行口口传播。

（5）促进企业发展。

口碑营销有助于减少企业营销推广的成本，并增加用户数量，从而推动企业成长和发展。

作为本身口碑就较好或者规模较大的主播，在推广直播时可以利用自身的口碑来进行推广。下面笔者将介绍两种最典型、最有效的方式。

（1）利用自有平台推广。

现在一般的主播都会拥有自己的平台，因此，在做直播营销时就可以利用自有平台来推广自己的品牌。例如，小米会在自己的官方网站推送直播消息，这样做能获得更大的浏览量，用户也可以通过官网第一时间了解小米的直播动态。

一般来说，品牌和主播首先会选择官网推广，接下来再用微博、微信公众号等第三方平台进行推广。利用自有平台推广直播，更能培养粉丝的忠诚度。

（2）利用展览、会议提升热度。

品牌主播可以通过举办展览、会议等方式进行直播推广，因为这些活动通常会引得众多媒体都纷纷参与，从而提升主播的品牌影响力。在此过程中为了宣传主播的品牌，可以加入品牌的相关信息，从而达到推广直播的目的。那么具体应该怎么做呢？笔者总结为3点，即发传单、做PPT展示、制作宣传册或纪念品。

## 7.2.4 组建平台联盟

平台联盟指多个平台进行直播预告，例如，在直播平台中直播的同时，将直播链接分享到各个社交渠道，如微博、朋友圈，以及各大论坛和博客等。除此之外，还能在其他的直播平台进行分享，例如抖音、快手等短视频平台。分享的方式可以直接在账号资料中显示，也可以在平台内上传直播的录屏，进行视频编辑分享。

有许多主播都会在各大平台通知直播消息，或者分享直播精彩的瞬间。图 7-24 所示为某主播在 B 站中进行的游戏直播视频分享。

图 7-24　在 B 站分享游戏直播视频

## 7.2.5　利用地推活动

地推作为营销推广方式的一种，主要是利用实际生活中的地推活动获取更大的流量和曝光度，进而达到推广效果的最优化。比如，为了宣传一个品牌，在学校做了一场活动，主要是通过发传单或者做演讲的形式让用户了解。

这样的推广效果往往很有限，因为宣传的影响范围比较窄。但如果在做活动的同时进行直播，就会有更多的人从网上了解这个活动，尽管用户可能不会来到活动现场，但还是通过直播知道了这件事情，于是品牌在无形之中得到了推广。

地推是一种传统的推广方法，与直播相结合是不可阻挡的趋势，两者相结合能够最大限度地发挥出营销的效果。那么"地推+直播"的模式的优势到底体现在哪些方面呢？笔者总结为 3 点，即粉丝较多、参与度较高、传播范围更广。

# 7.3　跨平台推广

跨平台共同推广，可以在直播前对直播间的链接进行多平台分享。以抖音直播为例，抖音粉丝超过 50 万即可参与"微博故事红人招募计划"，享受更多专属的涨粉和曝光资源。除了微博引流外，抖音的内容分享机制也进行了重大调整，拥有更好的跨平台引流能力。这些直播平台的分享机制，无疑是对微信分享限制的一种突破，此举对直播的跨平台引流起到了推动作用，这也是跨平台推广的方式。

接下来，笔者就分别来介绍如何用公众号、QQ、软文和论坛等方式来为直播进行引流。

## 7.3.1 公众号推广

微信公众号从某一方面来说，就是个人、企业等主体进行信息发布并通过运营来提升知名度和品牌形象的平台。主播如果要选择一个用户基数大的平台来推广直播内容，且期待通过长期的内容积累构建自己的品牌，那么微信公众号是一个理想的传播平台。

可以说公众号的本质是推广，基于此，在发展视频直播行业时，直播平台和主播也可以通过它来推广直播节目。对那些自身有着众多用户和粉丝的直播平台及主播而言，做好公众号的运营是比较不错的直播内容推广方式。当然，对那些没有大量粉丝的主播而言，也可以选择这一方式逐渐地吸粉和引流。

在进行公众号运营的过程中，需要注意以下 3 个方面，才能做到事半功倍，具体分析如下。

首先，在撰写内容和进行推广之前，需要做好公众号定位，明确微信公众号运营的目的，这是做好公众号的基础和关键。

其次，就是要创作出具有吸引力的内容。对平台和主播而言，赢得更多的用户关注和赢得用户更多的关注是其推广内容的两个根本目标，这些目标需要通过内容的各种形式打造来实现，具体有以下 4 点要求，如图 7-25 所示。

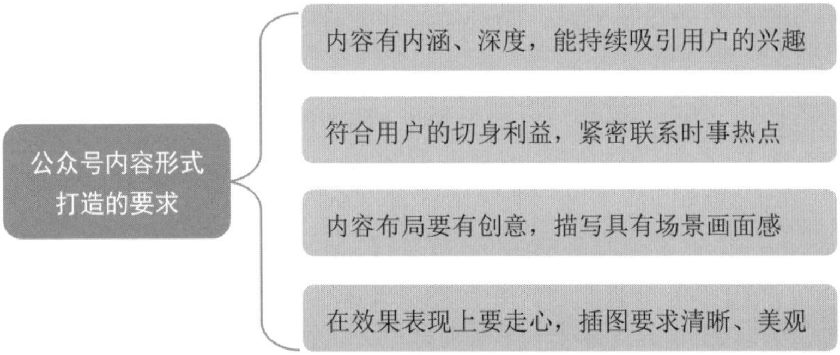

图 7-25　公众号内容形式打造的要求

最后，对用户来说，他们需要一些能够让人耳目一新的内容类型、形式和布局来增加体验感，这样他们才会有意愿去点击阅读。从这个角度来看，微信公众号可以从 3 个方面加以提升，如图 7-26 所示。

举个例子，"手机摄影构图大全"是构图君创建的微信公众号，主打摄影领域的构图垂直领域，经过 3 年多的发展，不仅集聚了众多粉丝，在内容形式上也有了更丰富的呈现，并逐渐发展到了直播领域。

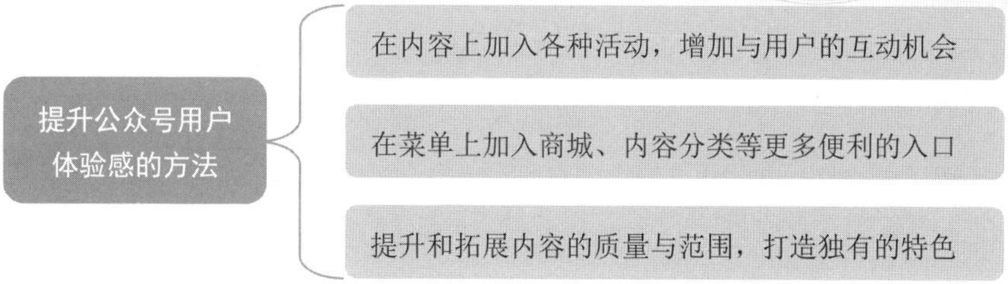

图 7-26　提升公众号用户体验感的方法

　　与上面介绍的自建公众号推广直播内容和借助实力大号推广直播节目不同，"手机摄影构图大全"采用的是基于自身平台内容，并与其他大号和电商平台合作进行推广，从而为直播的推广和发展贡献其力量。

　　在"手机摄影构图大全"直播课程的推广和发展中，构图君综合了多方面的资源，具体来说可分为以下 3 类途径。

　　(1)　自身公众号推广。

　　在推广自身直播内容时，构图君利用自身平台，进行直播信息的推送。更重要的是，在公众号平台上企业和主播还就已直播过的内容进行回顾和梳理，以便用户更好地掌握直播内容。

　　(2)　与实力大号合作。

　　"手机摄影构图大全"公众号是一步步成长起来的，其初建阶段的主要内容就是尽可能地利用优质的内容进行引流。基于此，该公众号在进行直播时，采用与摄影领域实力大号"玩转手机摄影"合作的方法来推出直播内容，开展了一场在千聊 Live 上的直播微课。

　　(3)　对接电商平台。

　　构图君不仅是"手机摄影构图大全"公众号的创建者，同时还是一位精于摄影领域的作家，著有几十本摄影构图畅销专著，这些书籍在京东商城上都有销售。基于这一点，"手机摄影构图大全"公众号对接京东，推出了构图君京东直播课。

## 7.3.2　QQ 推广

　　作为最早的网络通信平台，QQ 拥有强大的资源优势和底蕴，以及庞大的用户群体，是主播必须巩固的引流阵地。

### 1. QQ 签名引流

　　主播可以自由编辑或修改"签名"的内容，在其中引导 QQ 好友关注直播账号。

### 2. QQ 头像和昵称引流

QQ 头像和昵称是 QQ 号的首要流量入口，主播可以将其设置为快手的头像和昵称，增加直播账号的曝光率。

### 3. QQ 空间引流

QQ 空间是主播可以充分利用起来的一个好地方，在 QQ 空间推广更有利于积攒人气，吸引更多人前来观看。下面就为大家具体介绍 6 种常见的 QQ 空间推广引流方法，如图 7-27 所示。

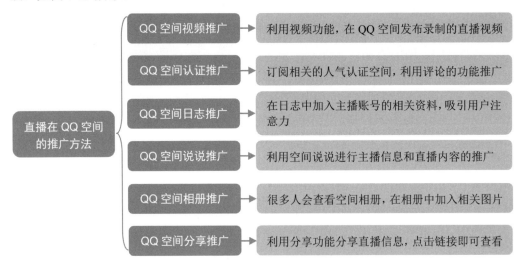

图 7-27　直播在 QQ 空间的推广方法

### 4. QQ 兴趣部落引流

QQ 兴趣部落是一个基于兴趣的公开主题社区，能够帮助主播获得更加精准的流量。主播也可以关注 QQ 兴趣部落中的同行业达人，多评论他们的热门帖子，可以在其中添加自己的相关信息，收集到更加精准的用户。

### 5. QQ 群引流

QQ 群是腾讯推出的一个多人聊天的网络互动公众平台，主播可以多创建和加入一些与直播号相关的 QQ 群，多与群友进行交流和互动，让他们对主播产生信任感，此时再发布直播作品来引流自然就水到渠成，如图 7-28 所示。

QQ 群和微信群不同，微信群的成员上限一律是 500 人，而 QQ 群的群规模是有等级的，最小为 200 人群，最大为 5000 人群(不包括付费的 3000 人群)，这也就意味着如果将直播分享到那些群规模在 500 人以上的 QQ 群，那么将会被更多的 QQ 用户看到，在转化率相对稳定的情况下，推广的用户基数越大，所吸引的粉丝就越多。因此，我们要尽量多加一些群，以此来扩大自己的流量来源。

图 7-28　在 QQ 群中分享直播

我们可以查找和直播类型、内容有关的 QQ 群，来吸引精准的粉丝用户。图 7-29 所示为运用"找群"功能搜索到的"考研"和"滑板"相关 QQ 群。

图 7-29　运用"找群"功能搜索到的"考研"和"滑板"相关 QQ 群

除了通过查找加入 QQ 群外，主播也可以通过创建群聊来引流。不同的 QQ 号等级不同，所拥有的建群资格和创建数量也有所不同。图 7-30 所示为笔者的 QQ 账号等级所拥有的建群数量。

图 7-30　建群资格页面

在创建 QQ 群为直播引流时，笔者建议大家可以通过 QQ 群排名优化软件提升 QQ 群排名的方式来吸引流量，这种方式的引流效果是非常明显的，只要关键词设置得好，吸引过来的流量就比较精准。

因为绝大部分 QQ 用户是根据搜索关键词来查找 QQ 群的，而 QQ 群排名优化软件的原理就是将目标用户搜索的关键词作为群名称进行优化设置，从而使 QQ 群的排名靠前，增加 QQ 群的曝光率，这样就能吸引更多用户添加了。

说到 QQ 群排名，笔者就不得不说一下 QQ 群排名的规则了，影响 QQ 群排名的因素主要有以下两点，具体内容如下。

(1) 群规模：大群排在小群的前面，人数越多，排名越靠前。

(2) 群活跃：同样人数规模的群，活跃度越高，权重也越高。

关于 QQ 群排名优化的软件有很多，这里笔者就不推荐了，大家可以自行在互联网上搜寻，不过需要注意网络诈骗。在进行 QQ 群排名的优化时，要从以下这几个方面对 QQ 群进行设置，如图 7-31 所示。

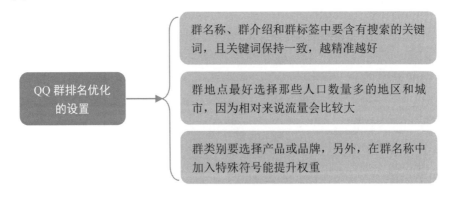

图 7-31　QQ 群排名优化的设置

### 6. QQ 好友引流

主播不仅可以将自己的直播链接分享给微信好友，同样也可以分享给 QQ 好友，如图 7-32 所示。

图 7-32 分享直播链接给 QQ 好友

## 7.3.3 软文推广

软文推广对于各大营销行业来说都很实用。在直播营销中，软文推广也是不可缺少的，而如何掌握软文推广技巧则是重中之重。图 7-33 所示为"手机摄影构图大全"公众号通过发布软文为自己的千聊直播课引流的案例。

图 7-33 通过发布软文引流

在通过软文推广自己的直播时，我们需要掌握一定的软文推广技巧。下面笔者就来介绍两种软文直播推广的技巧，具体内容如下。

**1. 原创软文+关键词**

原创是创作任何内容都需要的，软文直播推广更是少不了原创，原创能够吸引用户的兴趣。在直播营销推广中，关键词的选取是软文写作的核心。如何选取关键词也有相关的标准，如实用价值、略带争议、独特见解等。

**2. 热门网站+总结经验**

有了优秀的软文推广内容，接下来就该找准平台发布软文推广直播信息了，一些人气高的网站就是软文发布的好去处，而且发布之后还可在网站上与他人交换经验。

目前，网上已经有了一些专业的软文发布平台，另外，将软文推广发布在博客论坛等平台，效果也还不错。在网站上发布软文直播推广要注意以下 3 点，如图 7-34 所示。

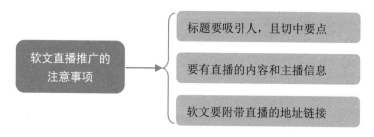

图 7-34　软文直播推广的注意事项

不要以为发完直播推广软文就万事大吉了，发完之后总结经验也是相当重要的。比如用户喜欢哪一类软文、为什么有的软文没有达到预期效果、软文发布到哪个平台反响最好等。主播在平时的工作中多总结并积累经验，就能够使软文推广效果越来越好，有助于推广直播信息，从而吸引更多用户观看。

## 7.3.4　论坛推广

论坛是为用户提供发帖、回帖的平台，它属于互联网上的一种电子信息服务系统。在传统的互联网营销中，论坛社区始终是较为重要的一个推广宣传平台。一般情况下，早期的目标用户都是从论坛社区中找到的，再通过发掘、转化，提高用户的转化率，逐步打造品牌。

在论坛中进行直播推广，最重要的就是找准热门论坛，然后投放直播信息。比如搜狐社区、天涯社区、新浪论坛、百度贴吧、博客等都是当下热门的论坛代表。图 7-35 所示为天涯论坛官网。

图 7-35　天涯论坛官网

在论坛投放直播信息的步骤为：首先，收集相关论坛；其次，在收集的论坛里注册账号；然后，撰写多篇包括直播推广内容的软文，并保存好；最后，每天在这些热门论坛中有选择性地发帖，做好相关记录，如果帖子沉了，用马甲号顶上。

值得注意的是，如果想要让用户关注主播的帖子内容，并注意到主播所推广的直播信息，就要多在论坛中与用户互动。在互动之后论坛中关于直播的内容就会渐渐走入用户的视野，相应地直播也就得到了推广。

## 7.3.5　借势推广

借势推广是抓住热点的一种推广方法，热点的传播速度就如同迅雷之势，让人猝不及防。直播想要获得更多的浏览量，就需要借助热点事件的影响力。此外，"借势+手机通知栏推广"模式也是一种较好的直播推广方法，值得各大主播借鉴和应用。除了借势推广，造势推广也是主播需要学会的推广技巧之一，造势的意思就是如果没有热点事件可以借势，就自己创造出热点事件，引起用户注意。

造势推广需要一个过程，首先在直播还没开始前就应该营造气氛，让用户知道这件事情，以便直播开始时有一定量的用户关注；其次是主题的确定，主播应该根据产品的特色来设计直播的主题；最后是通过透露消息来吸引用户，让用户心甘情愿地为直播买单。

　　直播造势推广的方法多种多样，最典型的就是众多大主播常用的利用自身品牌、代言人等造势。因为其本身的存在就是一种势，在直播开始时，只要主播有意营造氛围，那么自然就会夺人眼球。

# 第 **8** 章

# 进行粉丝运营

　　主播将粉丝引流进直播间只是直播运营的第一步，接下来主播要学会和粉丝互动，沉淀粉丝，搭建专属于自己的私域流量，以便后续更好地变现。本章就来教大家如何进行粉丝运营，将用户培养成忠实铁粉。

## 8.1　掌握运营方法

在直播的时候，我们需要利用粉丝效益，来打造主播的私域流量。本节将从 4 个方面来介绍粉丝运营的方法，帮助主播增强用户黏性。

## 8.1.1　打造私域流量池

本小节笔者要和大家分享一下未来商业的红利——私域流量池。为什么要分享这个内容呢？因为我们去做平台运营，更多的时候只是在做平台的运营，而没有把用户留下来。

这种做法有一个很大的弊端，比如开淘宝店，运营了一段时间之后，销量越来越高了，但是突然有一天，店铺被封了，或者现在平台不给流量了，又或者是店铺不花钱去买流量了，那以前积累起来的那些用户就会流失了。

私域流量池的特点是什么呢？它具有私密性。也就是说，在私域流量池里的流量是专属于个人的，别人是不能轻易获取的。我们在打造私域流量池的时候，要注意以下几点。

### 1．保持价值输出

私域流量池想留住已经吸引进来的粉丝，就要保证持续输出价值点。价值点就是粉丝能从你这里学会什么东西。例如，在笔者的朋友圈里每天都会分享一些抖音视频的拍摄技巧、创意灵感和剪辑方法，笔者分享的这些内容对很多负责抖音运营的人来说就是有价值的。

### 2．找到核心卖点

不管做哪种产品，我们都需要有产品卖点。比如，你现在来找我们学习，是因为我们的专业度，还是说我们的课程更加完善？只要主播的产品核心卖点能够打动粉丝，就能实现快速成交，甚至还能直接让粉丝成为主播的私有流量。

### 3．运用个人魅力

个人魅力这一块很重要，同样是做抖音培训的主播，有些人招学员的价格比你的还高，为什么他就招到了，而你的价格低却招不到人呢？主要原因可能就是他的个人魅力能够吸引到学员。

主播一定要清楚自己的个人魅力是什么，并借助个人的魅力，实现引流变现。比如，主播有某方面的兴趣爱好，这个时候跟主播有同样兴趣爱好的人，就会被主播吸引，在你这里购买商品。

### 4．做好团队管理

微信非常适合主播用来进行团队的管理，例如，微信群可以让团队成员随时随地进行沟通。而且不光是员工的团队管理可以用微信，粉丝的管理也可以用微信来进行，例如，主播可以组建粉丝的 VIP 社群，或者对粉丝进行标签管理。

## 8.1.2　利用公域流量

除了利用私域流量获得精准粉丝之外，公域流量也不失为一个拉新的好方法。所谓的公域流量，指的是不属于单独的个体，而是属于某个平台上所有人的流量。与私域流量相比，公域流量更广阔，也更容易获取，但主播无法决定平台将自己的直播推送给什么人，获得的公域流量充满了随机性，吸引到的用户黏性也不高。

公域流量能给主播带来更多的曝光度，而且平台一般都会推出相应的活动和功能来帮助主播获取更多的公域流量，如淘宝的"直播看点"功能就是其中之一。下面介绍"直播看点"功能的好处和使用方法。

### 1．"直播看点"功能的好处

"直播看点"功能可以记录直播过程中主播对商品的介绍，用户就可以随时进入直播间，查看心仪商品的直播讲解。图 8-1 所示为主播使用"直播看点"功能可以获得的好处。

| "直播点看"功能可以获得的好处 | 会被平台推荐到所见即所得模块和主页搜索渠道，获得更多的曝光度 |
| --- | --- |
| | 在后续推出的营销活动中，其直播间售卖的宝贝有可能会优先展示 |
| | 给消费者带来更好的体验，提高成交转化率，为主播带来更多收益 |

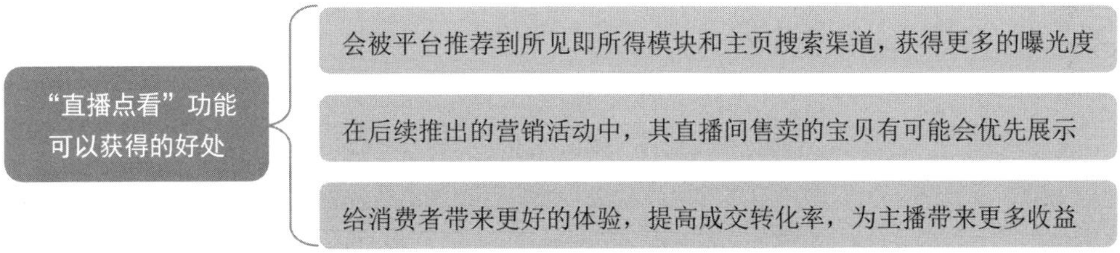

图 8-1　"直播看点"功能可以获得的好处

而对于用户来说，"直播看点"功能可以提升他们的观看体验感，避免错过想要了解的商品，而且播放的讲解视频不会有实时弹幕来干扰，用户可以专心了解商品卖点。

### 2．"直播看点"功能的使用方法

了解了"直播看点"功能的好处，下面就来看看主播和用户是如何使用这个功能的。

(1) 主播：主播在直播时，在讲解宝贝的卖点之前，需要在中控台上点击该宝贝的"标记看点"按钮。而淘宝则会根据主播的标记，生成"直播看点"内容。

(2) 用户：用户在观看直播的过程中，可以根据自己的喜好自由切换至任意宝贝讲解的片段。在直播界面的左下角点击宝贝口袋按钮 ；在弹出的"宝贝口袋"列表中点击任意商品缩略图中的"看讲解"按钮；即可进入相应界面，查看主播讲解该宝贝的直播内容，如图 8-2 所示。

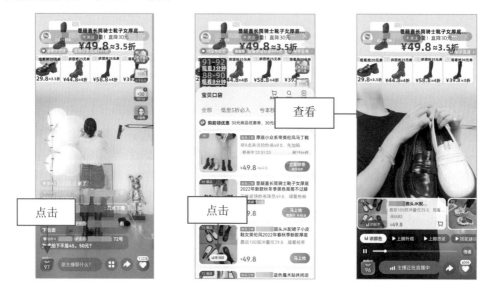

图 8-2　用户使用"直播看点"功能查看某个商品的直播内容

## 8.1.3　实现用户转化

从公域流量引流到直播间的用户可能是第一次看主播的直播，也可能是看过主播的直播但一直没有关注，主播要做的就是尽可能地留住这些用户，将他们转化为自己的粉丝。

如果不将这些用户转化为主播的粉丝，下一次直播时这些用户就不一定能刷到主播的直播间，主播也就损失了这一拨流量。但如果主播可以把每次引流得到的新用户转化为粉丝，就可以累积一拨又一拨的流量，提高直播间的人气和销量，并扩充自己的私域流量池。

而主播想实现用户的转化，就要多与用户进行互动，增加用户对主播的信任和感情，例如可以通过展现自己的人格魅力来吸引用户。

## 8.1.4　做好粉丝沉淀

在进行粉丝运营时，主播要明白一点：粉丝在自己直播间购买了一次产品并不意味着他们还会继续购买，可能下次就在别人的直播间里进行购物了。因此，主播将用户转化为粉丝后，还要做好粉丝的沉淀。

所谓粉丝的沉淀是指将粉丝引入主播的私人流量池，及时通知直播内容、产品上新和各项活动的相关消息，并积极与他们进行互动，来拉近与粉丝的距离，增强粉丝的黏性，从而提高二次交易甚至多次交易的可能性，实现粉丝的可持续变现。

粉丝沉淀最常见的方法就是创建社群，将粉丝拉进群中。如果粉丝对主播的观感不错或者很喜欢主播，而主播也会经常出现在群中与粉丝交流互动，粉丝自然就会愿意留在群里，方便主播进一步与他们培养感情。

## 8.2　增强粉丝黏性

当拉新成功，主播积累了一定量的粉丝后，也就有了流量基础。如何来巩固这些粉丝就是主播接下来要做的重要工作了。下面笔者将从 5 个方面来详细分析如何增强粉丝的黏性和忠诚度。

## 8.2.1　维护吸粉人设

在本书的第 3 章中，笔者介绍了如何打造主播的人设，足够吸睛的人设可以持续不断地为主播吸粉，但人设是需要维护才能长久发挥作用的，而且维护人设也能让那些被人设吸引的粉丝更忠诚。下面介绍维护人设的两个方法。

### 1．保持人设

维护人设最重要的就是始终保持人设，如果主播随意改变自己的人设，那么那些因为人设才喜欢主播的粉丝很容易会觉得受到了欺骗，从而不再关注主播；而且随意更改人设也不利于保持主播的独特性和辨识度。

保持人设就是要找到人设的亮点，并在直播和短视频中将亮点继续保持下去。人设的亮点包括两个方面：一是人设的外表亮点，比如固定风格的衣服、配饰等；二是人设的技能亮点，比如擅长化妆，很懂穿搭等。在保持人设时要将外表和技能这两方面的亮点都传承下去，否则很容易让粉丝觉得缺少了什么。

例如，某抖音账号的外表亮点是一身黑色休闲服装和不露脸的黑色面罩，技能亮点是新奇有趣的创意和高超的视频剪辑技术，而且他在视频和直播中很好地保持了人设，一直都以黑衣服和黑色面罩出镜，视频的创意也每次都能给用户带来惊喜，如图8-3所示。

图 8-3　保持人设的案例

### 2.完善人设

完善人设并不是随意更改人设，也不是胡乱给人设添加新的内容，而是根据主播发展阶段的变化适当地对人设进行调整。例如，主播刚开始直播时的人设是职场新人，当主播直播了一两年后，如果还保持职场新人的人设，难免会让用户觉得主播没有进步，也会让用户觉得人设没有新意。

观看直播的粉丝是在不断成长的，完善人设其实就是让人设也"成长"，从而给粉丝一种共同成长、共同经历的陪伴感，拉近与粉丝的距离。

## 8.2.2　打造个性化的语言

许多粉丝之所以会关注和喜爱某个主播，主要是因为这个主播有着鲜明的个性。构成主播个性的因素有很多，个性化的语言便是其中之一。因此，主播可以通过个性化的语言来打造鲜明的形象，从而吸引粉丝的关注。

主播的直播间主要由画面和声音这两个部分组成，而具有个性化的语言可以让直播更具特色，同时也可以让整个直播对粉丝的吸引力更强。一些个性化的语言甚至可以成为主播的标志，让粉丝甚至是没有关注主播的人一听到该语言就会想起某主播。

## 8.2.3　与粉丝互关

如果用户喜欢某个主播发布的内容，就可能会主动关注该主播，成为他的粉丝，以方便日后查看该主播发布的内容。不过，关注只是粉丝表达对主播喜爱的一种方式，大部分关注主播的粉丝不会要求主播进行互关。

但是，如果粉丝关注了主播之后，主播也关注了他，那么粉丝就会觉得自己得到了重视。在这种情况下，那些互关的粉丝就会更愿意持续关注主播的账号，粉丝的黏性自然也就大大增强了。

## 8.2.4　挖掘粉丝痛点

想要巩固粉丝，主播就要输出一些有价值的内容。在网络时代，文字的真实性越来越受到怀疑，而主打真实声音和视频直播的 App 就开始流行起来。例如，喜马拉雅 FM App 发展至今拥有数亿用户群体，其所依靠的就是真实的声音，利用声音作为内容载体为粉丝带来价值。

喜马拉雅 FM App 的定位比较成功，它为用户提供了有声小说、相声评书、新闻、音乐、脱口秀、段子笑话、英语、儿歌和儿童故事等多方面的内容，满足了不同用户群体的需求。图 8-4 所示为喜马拉雅 FM App"直播"界面的相关内容。

图 8-4　喜马拉雅 FM App"直播"界面的相关内容

无论什么时候，主播要记得内容营销最重要的一点就是聚焦粉丝的痛点和需求，即粉丝最关心的问题、粉丝的兴趣点和欲望，主播可以从这些方面为粉丝带去更有价值的内容。

挖掘痛点是一个长期的过程，但是主播在寻找粉丝痛点的过程中，必须注意以下两点，如图 8-5 所示。

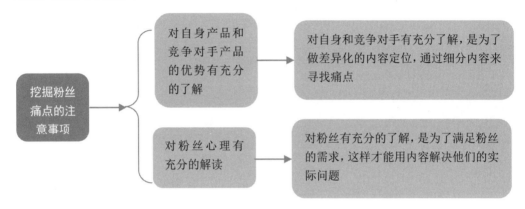

图 8-5　挖掘粉丝痛点的注意事项

那么，在主播的内容营销中，粉丝的主要痛点有哪些呢？笔者总结为以下 5 点，如图 8-6 所示。

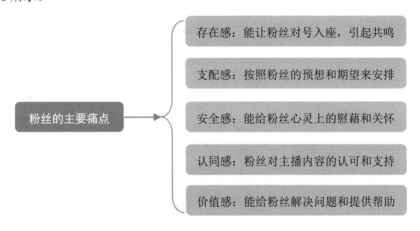

图 8-6　粉丝的主要痛点

主播在创作内容的过程中，可以以这些痛点为中心展开，来为粉丝提供他们真正想看的内容。

## 8.2.5　学会抓住热点

在直播营销中，既要抓住产品的特点，又要抓住当下的热点，这样两者相结合才能产生最佳的宣传效果，打造出传播广泛的直播。

例如，在北京冬奥会期间，各大商家紧紧抓住相关热点，再结合自家产品的特点进行了别具特色的直播。一家卖家具的天猫店铺策划了一场围绕"运动"这一热点来展开的直播，其主题就是"家具运动会，全家总动员"，并在直播中通过聊奥运热点、趣味事件的方法与用户进行互动，同时始终围绕自家的家居产品，极力推销优势产品。比如，如何躺在舒适的沙发上观看奥运直播、怎样靠在椅子上聊奥运赛事等。

如果直播能够将产品特色与时下热点相结合，就能让用户既被主播的直播内容吸引，又被主播的产品所吸引，从而产生购买的欲望。

# 8.3　提高直播间人气

互动是进行粉丝运营的一个主要组成部分，本节笔者将从 4 个方面来介绍如何通过做好粉丝互动来提高直播间的人气。

## 8.3.1　了解平台政策

所有直播平台都在提倡"绿色直播"，因此主播在开始直播前一定要关注自己直播平台的直播规范，与平台一起共同维护绿色、健康的网络生态环境。如果主播因为出现违规行为而受到处罚，账号可都会被封禁，就别提直播卖货和粉丝互动了。

例如，在快手平台上直播时，主播需要遵循《快手直播规范》中的相关规则，给观众带来健康向上的直播内容。针对违反规则的主播，平台会根据违规情况给予永久封禁直播或账号、停止当前直播、警告等不同程度的处罚，如图 8-7 所示。

平台提倡文明、健康、正能量的直播环境，拒绝低俗、有伤风化的表演。在直播的时候，主播要以身作则，做好榜样。

主播本身也要具备一定的职业素养和能力，符合平台对主播的要求。直播时要严格遵守相应的法律法规。例如，进行网络直播时须符合所在地法律的相关规定，不得以履行协议的名义从事其他违反中国及所在地法律规定的行为。图 8-8 所示为淘宝直播平台管理规则的部分内容。

严重违规行为（A类违规）

违反 A 类规定的用户，将永久封禁直播，乃至封禁账号，且快手平台有权冻结违规账户中未提现礼物收益。

严重违规行为是指涉政、涉黄、恶意违规等严重扰乱直播平台秩序的行为：

1、直播中展示传播淫秽色情内容，包括但不限于性行为、色情推广、漏点画面、挑逗性言行、带有性暗示的直播内容、违反公序良俗的行为；

2、直播中展示或销售管制物品，包括但不限于私藏枪支弹药、枪支部件、组装方法、仿真枪支；

3、直播中展示或销售毒品、违禁药品，或展示与之相关的任何行为，包括但不限于海洛因、大麻、吸毒工具、吸食注射、买卖交易；

4、直播中展示赌博或与涉赌相关的任何活动，包括但不限于非法赌牌、红包赌博、网络赌博网站、赌博游戏、赌博工具；

5、直播中展示危害自身或他人生命安全的行为或言论，包括但不限于自杀自残、割腕烧炭、跳楼跳河、自杀游戏等；

6、直播中发布有害信息，严重违反社区规定。

图 8-7 《快手直播规范》的部分规则

《淘宝直播平台管理规则》

第一章 概述

第一条 【目的及依据】

为维护淘宝直播平台的正常运营秩序，保障淘宝直播平台用户的合法权益，根据《淘宝平台服务协议》、《淘宝规则》、《天猫规则》、《飞猪规则》等相关规则、协议的规定，制定本规则。

第二条 【适用范围】

本规则适用于在淘宝直播平台发布内容的所有用户，包括主播和互动参与用户（统称为“用户”）。

第三条 【效力级别】

本规则是《淘宝规则》、《天猫规则》、《飞猪规则》、《阿里创作平台管理规范（“微淘号·达人”适用）》的补充规则。《淘宝规则》、《天猫规则》、《飞猪规则》中已有规定的，从其规定，未有规定或本规则有特殊规定的，按照本规则执行。

第二章 准入

第四条 【入驻】

（一）主播

1、淘宝网用户须同时满足以下条件，方可申请达人主播：

（1）已入驻阿里创作平台成为达人，且账户状态正常；

（2）具备一定的主播素质和能力。

2、淘宝网卖家须同时满足以下条件，方可申请商家主播：

（1）店铺信用等级须为1钻及以上；

（2）主营类目在线商品数≥5，且近30天店铺销量≥3，且近90天店铺成交金额≥1000元；

（3）卖家须符合《淘宝网营销活动规则》；

（4）本自然年度内不存在出售假冒商品违规的行为；

（5）本自然年度内未因发布违禁信息或假冒材质成份的严重违规行为扣分满6分及以上；

（6）卖家具有一定的微淘粉丝量、客户运营能力和主播素质。

3、天猫商家须同时满足以下条件，方可申请商家主播：

（1）商家须符合《天猫营销活动基准规则》；

（2）商家具有一定的微淘粉丝量、客户运营能力和主播素质。

4、对商家准入有特殊要求的，依据淘宝另行制定的准入要求执行。

（二）互动参与用户

所有淘宝会员均可参与直播互动。

第三章 经营规范

第五条 【信息发布】用户除须遵守《淘宝规则》、《天猫规则》、《飞猪规则》、《淘宝交互信息规则》、《阿里创作平台管理规范（“微淘号·达人”适用）》中关于信息发布的相关规定外，还须遵循如下信息发布要求：

（一）不得发布危害信息，包括但不限于敏感信息、淫秽色情信息；

（二）不得发布不实信息，包括但不限于捏造细节、夸大事实、不实宣传、虚假中奖信息、所推广商品信息与实际信息不一致；

（三）不得伪造活动信息，包括但不限于伪造或冒充淘宝网、天猫、聚划算等活动信息；

（四）不得发布垃圾广告，包括但不限于通过机器或软件等非人力手段对他人大量发送广告垃圾信息；

（五）不得发布淘宝直播平台不允许发布的信息；

（六）直播信息不得与入驻信息不符。

第六条 【行为规范】用户除须遵守《淘宝规则》、《天猫规则》、《飞猪规则》、《淘宝交互信息规则》、《阿里创作平台管理规范（“微淘号·达人”适用）》中关于行为规范的相关规定外，还须遵循如下行为规范：

（一）主播

1、不得违背其自身所作出的承诺；

2、不得违规推广，包括但不限于发布阿里创作平台不允许发布的商品信息；推广的商品明显涉及出售假冒、盗版商品，或为出售假冒盗版商品提供便利条件；

3、不得存在易导致交易风险的行为，包括但不限于引导用户进行线下交易、发布外部网站的商品或信息；

4、不得存在侵犯他人权益的行为，包括但不限于泄露他人信息、不当使用他人权利、骚扰他人；

5、不得扰乱平台秩序，包括但不限于针对直播数据进行造假或者作弊；

6、须符合淘宝直播平台主播要求。

（二）互动参与用户

1、不得存在侵犯他人权益的行为，包括但不限于不得违规推广、泄露他人信息、不当使用他人权利、骚扰他人；

2、不得扰乱平台秩序。

第四章 违规处理及清退

第七条 【违规处理】用户违反本规则相关规定，淘宝除依照《淘宝规则》、《天猫规则》、《飞猪规则》、《淘宝交互信息规则》、《阿里创作平台管理规范（“微淘号·达人”适用）》等进行处理外，淘宝直播平台还将依据本规则对违规用户进行相应处理，处理措施包括：

（一）主播

1、警告并下线直播；

2、删除直播内容；

图 8-8 《淘宝直播平台管理规则》的部分内容

## 8.3.2 掌握实用技巧

下面笔者总结了一些提升主播直播间人气的技巧，如图 8-9 所示。

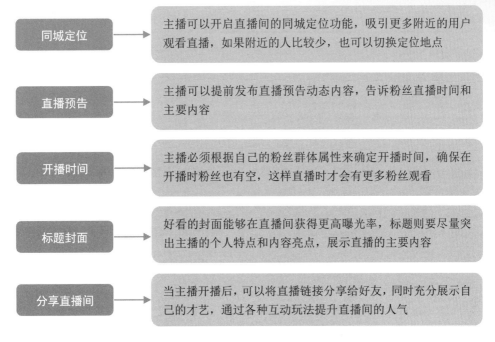

图 8-9　提升主播直播间人气的技巧

## 8.3.3　细化用户标签

细化用户标签主要体现在对用户进行分类上，例如对用户进行分级。图 8-10 所示为将用户分层的方式。

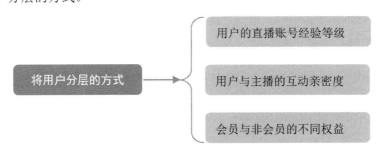

图 8-10　将用户分层的方式

很多平台已经有一套成熟的用户分级体系，主播可以用来参考。表 8-1 所示为 B 站会员不同等级权限介绍，不同等级的会员(即正式注册的用户)拥有的特权是不一样的。

表 8-1　B 站会员不同等级权限介绍

| 特　权 | 等　级 | | | | | | |
| --- | --- | --- | --- | --- | --- | --- | --- |
| | Lv0 | Lv1 | Lv2 | Lv3 | Lv4 | Lv5 | Lv6 |
| 视频投稿 | √ | √ | √ | √ | √ | √ | √ |
| 滚动弹幕 | × | √ | √ | √ | √ | √ | √ |
| 发送私信 | × | √ | √ | √ | √ | √ | √ |
| 发送动态 | × | √ | √ | √ | √ | √ | √ |
| 彩色弹幕 | × | × | √ | √ | √ | √ | √ |
| 高级弹幕 | × | × | √ | √ | √ | √ | √ |
| 视频评论 | × | × | √ | √ | √ | √ | √ |
| 顶部弹幕 | × | × | × | √ | √ | √ | √ |
| 底部弹幕 | × | × | × | √ | √ | √ | √ |
| 购买邀请码 | × | × | × | × | × | 1 个/月 | 2 个/月 |

　　用户还可以通过会员充值来获得不同的观看特权。例如，B 站用户可以充值大会员，成为 B 站大会员后可享有 4 个特权。图 8-11 所示为 B 站大会员的内容特权和装扮特权。图 8-12 所示为大会员的身份特权和视听特权。

图 8-11　B 站大会员的内容特权和装扮特权

　　平台依照不同规则对用户进行细化分类，而这样细化的用户标签有利于主播进行用户运营和打造差异化的内容，同时也可以对用户进行个性化推荐，满足用户不同的需求，来增强用户的黏性。

图 8-12　大会员的身份特权和视听特权

## 8.3.4　进行个性化推荐

对用户进行个性化推荐，除了根据不同的用户标签进行推荐以外，还可以按照用户的浏览记录、收藏内容等进行大数据分析，进而满足用户更深层次的需求。以电商平台为例，图 8-13 所示为淘宝 App 的"你可能还喜欢"模块，图 8-14 所示为京东 App 的"精选"模块。

图 8-13　淘宝 App 的"你可能还喜欢"模块　图 8-14　京东 App 的"精选"模块

在新型的电商关系中，店铺从原有的"等待用户进店选购"模式改变为"主动寻求用户"模式，这些改变都体现了"以用户为中心"的服务方式。除了个性化推荐以外，商家还采取"线上+线下"共同经营的模式，线下可以将广告投放于与店铺产品相关的场景中，挖掘用户的潜在需求，实现场景营销，提高产品的购买率，在一定程度上也节约了店铺的经营成本。

随着商品的增加，用户购买商品的方式也发生了改变，原本的购买方式需要按照目录进行检索，现在只需要查询关键词进行搜索即可，这也是人、货和场景三者关系的改变。以抖音平台为例，主播可以将产品与直播进行结合，让用户在场景中进行购买，用户只需点击下方链接即可购买，如图 8-15 所示。

图 8-15　用户在抖音平台直播场景中购买产品

# 第 **9** 章

# 进行直播营销

直播具有即时性和互动性等特点，对主播积累人气、推广品牌能起到很大的作用，因此，了解直播营销的知识与技巧相当重要。本章将为大家介绍直播营销的相关内容，比如营销种类、营销方法、营销模式、营销技巧等。

# 9.1 了解直播营销

直播，尤其是直播带货火爆的原因主要有 3 点：一是直播购物更直观，更能增加用户的购买欲望；二是直播可以零距离互动，提高用户消费的频率；三是直播信任背书强，主播与直播相辅相成。

而主播想通过直播获得高人气和高收益，就必须学会直播营销，提升直播的效果。本节将详细介绍关于直播营销的内容。

## 9.1.1 了解营销步骤

直播集合了网络化、视觉化和可交互这 3 大特点，是有效连接目标用户且流行的方式。而营销的目的就是挖掘直播的价值，从而实现变现。那么直播营销从准备到实施，需要经过哪些步骤呢？在了解营销技巧之前，笔者先总结并细化直播营销的 5 个步骤，如图 9-1 所示。

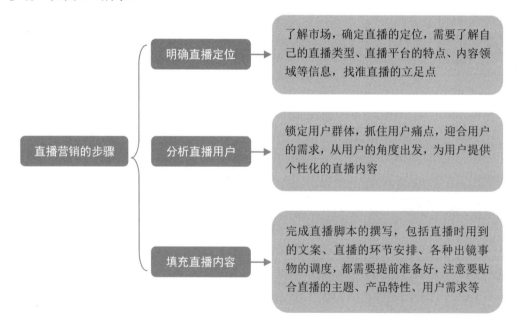

图 9-1 直播营销的步骤

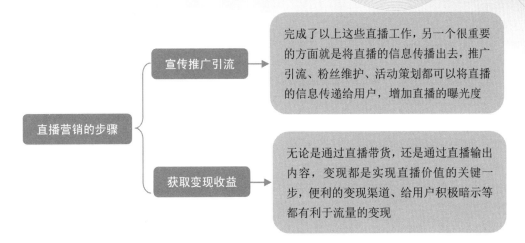

图 9-1 直播营销的步骤(续)

## 9.1.2 了解营销的优点

和传统的电商购物相比，直播购物会更直观、更详细。通过主播在直播间对产品进行展示和详细的解说，消费者可以快速、全面地了解产品，从而增加购买的欲望。图 9-2 所示为直播销售的优势。

图 9-2 直播销售的优势

### 1. 更低的营销成本

借助直播，主播和商家可以在呈现产品价值的环节支付更低的营销成本。直播营销对场地、物料等需求较少，是目前成本较低的营销形式之一。

### 2. 更快捷的营销覆盖

直播营销将主播试吃、试穿、试玩和试用等过程直观地展示在用户面前，更快捷地将用户带入营销所需的场景中。

### 3．更显著的营销效果

用户在购买商品时易受环境影响，通过群体效应或者观察产品试用效果而直接下单。因此，在设计直播营销时，主播可以重点策划台词、优惠福利、促销活动，同时反复测试与优化在线下单页面，以收获更好的营销效果。

### 4．更有效的营销反馈

直播的高互动性促使主播将直播内容呈现给用户的同时，用户也可以通过弹幕的形式，分享体验。因此，一方面，主播借助直播可以收到已购买过产品的用户使用反馈；另一方面，通过现场用户的观看反馈，为下一次直播营销时进行改进做准备，从而达到更好的直播效果。

虽然直播营销还处在摸索阶段，但直播的互动性营销优势已经成为共识。一般而言，直播互动方式主要为打赏、发弹幕、送礼物。接下来，笔者将围绕直播的实时互动性，介绍主播利用直播营销优势的一些具体方法。

(1) 增强用户参与感，发挥交互优势。

直播营销过程中，如果主播只是一直在介绍产品，那么用户肯定会因为觉得枯燥无味而离开直播间，甚至会取消对主播的关注。这时就应该大力发挥直播平台本身的交互优势，所以主播一定要及时与用户互动，这样才会带动用户的参与感，提高用户的积极性。

例如，用户可能会在直播间提出自己关于产品的问题，如图 9-3 所示，如果主播针对问题进行解答，就能让用户觉得自己被关注、被在意，而且也能进一步加深用户对于产品的了解，从而打消用户的疑虑，提高用户下单的概率。

图 9-3　用户在直播间提问

用户在直播中获得了自己想知道的信息，大大增强了参与感，已经不能和单纯地观看直播相提并论，这也使得直播营销的业绩不断提升。

(2) 加强品牌黏性，懂得倾听需求。

加强品牌黏性也是直播的营销优势之一。加强品牌黏性需要根据用户的需求来进行直播。

新人主播需要向那些人气高的主播学习直播的技巧，他们之所以得到众多用户的喜爱和追捧，原因就在于他们懂得倾听用户的心声，并实时根据用户的需求来直播。那么要怎样倾听用户的需求呢？笔者将其要求总结为 3 点，即把握用户心理、及时做出反馈和对直播进行调整。

(3) 应用从众心理，结伴相继购买。

在直播营销中，不仅有主播与用户的互动，也有用户与用户之间的互动。比如，用弹幕进行交流。

用户在进行交流的同时会产生一种从众心理，从而提高购买率。因此，在直播时还特地会在直播的界面中时不时弹出"某某正在去买"的字样，如图 9-4 所示，其目的就在于利用用户的从众心理，吸引用户去购买产品。

图 9-4　直播界面中的"某某正在去买"字样

## 9.1.3　增强竞争力

了解了直播营销的优势，那么主播应该怎么做才能成为一个具有持续竞争力的电商主播呢？笔者总结了以下 3 条建议。

### 1. 从货品到内容的转变

以淘宝平台为例，在淘宝直播的发展初期，入驻平台的主播较少，但因有淘宝巨额流量的扶持，吸引流量并不难。消费者往往会因为新鲜感而进行尝试，因此在初期发展这一时间段，曝光量约等于销量。

随着越来越多的人参与到直播中来，竞争越来越激烈，主播们开始比拼性价比，利用优惠券和折扣吸引用户。由于商品始终会有成本价格，各大主播给出的折扣区别不会太大，因此从未来的趋势上看，只依靠性价比未必会有优势。

主播们除了掌控供应链之外，还需要在内容上下功夫。也就是说，光靠推荐商品已不足以吸引用户，主播还需要就产品讲述相关故事，善于包装。换言之，直播带货会越来越娱乐化，成为一场"表演秀"。

### 2．建立良好的社交电商关系

当供不应求时，出现了"人找商品"的局面；当供大于求时，商品的选择变多，则出现了"商品找人"的现象。但不管是"人找商品"还是"商品找人"，都始终属于"人与商品"的范畴。

主播如果想要具备持久的竞争力，必然要建立并维护"人与人"之间的关系。就好比线下实体门店，同一门店的不同导购员，业绩往往不一样，擅长与人沟通的导购的业绩往往会更好。线上营销的道理也是如此，即使不像线下一样面对面与人交流，主播们也需要和用户建立起相互信任的关系。

### 3．以粉丝利益为核心基础

对于主播来说，一定要把粉丝的利益放在第一位，否则就可能会出现直播间"翻车"的情况。当一个直播间销售的商品出现质量问题、安全问题，或是过于高出其他渠道的价格时，粉丝下次就不会在该直播间购买商品了，还会取消对主播的关注。

## 9.1.4　完美呈现产品

利用直播进行营销，最重要的是要把产品销售出去，因此，在直播过程中要处理好产品与直播内容的关系，最终为实现营销做准备。那么，具体应该怎样做呢？下面分别进行介绍。

### 1．产品实体的呈现

要想让用户接受某产品并购买，首先应该让用户全面了解产品，包括产品的外观和内部组成。因此，在直播过程中，主播需要把产品放在旁边，或是边讲解边给用户展示产品，让用户能直观、清晰地看到产品。例如，如果是一期关于推广书的直播，在直播过程中，主播可以借助翻动书本的动作把其封面和目录展现出来，或直接利用相关话题向用户推荐此书。

同时，主播需要在直播中植入产品信息，或是在直播中把产品的特点展示出来。为了实现更好的营销效果，一般还会在直播的屏幕上对其产品列表、价格和链接进行标注，或是直接展示购物车图标，以方便用户购买。

例如，在某个卖数码产品的直播间中，主播在绿幕大屏上将产品的型号、卖点、颜色和配置进行了轮播展示，如图 9-5 所示，让用户对产品的基本信息初步了解，也便于产品讲解的展开。

图 9-5　展示产品信息

### 2．产品成分的呈现

直播销售不同于实体店，用户要产生购买的欲望，应该有一个逐渐增加信任的过程。而鲜明地呈现产品成分，既可以更加全面地了解产品，又能让用户在此基础上对主播产生信任感，从而放心购买。

关于呈现产品成分，可以是产品的材料成分构成展示，例如菜肴的食材、化妆品的组成成分等。

## 9.1.5　突出使用效果

一般来说，用户购买某一产品，首先考虑的应该是产品能给他们带来什么样的帮助和作用，也就是产品能对用户产生什么影响。如果某一产品在直播过程中所突出展示的产品功能让用户感到对自己帮助很大，就能打动用户，并激发用户的购买欲望，实现营销目的。

而在突出产品亮点和功能作用这个问题上，直播营销主要是从两个方面来实现：一是利用视频文案来呈现产品优势；二是直接向用户展示产品的使用效果。下面笔者分别进行详细的讲解。

### 1．利用视频文案呈现产品优势

视频文案，顾名思义，就是通过视频加文案的形式来向用户介绍产品，这是目前常见的产品营销形式之一，如图 9-6 所示。

图 9-6　利用视频文案呈现产品优势

### 2．在直播中直接展示产品使用效果

在直播中直接向用户展示产品的使用效果比产品的视频展示和文字介绍更加具有真实性和说服力。因为视频和文字可以造假，而直播是实时的，所以带给用户的视觉体验感也有所不同。

## 9.2　认识营销种类

随着互联网营销的需求不断提升，各种互联网平台都成为网络营销的重要渠道，其中形式多样的网络直播平台更是备受青睐。

网络营销对于网络直播平台来说，无疑具有很大的促进意义。本节笔者将通过具体的直播方式以及直播平台的介绍，使大家了解网络直播中的营销类型。

网络直播的主要类型有信息披露型直播、品牌宣传型直播、网红代言型直播、客服沟通型直播、娱乐活动型直播、淘宝店铺型直播和线上线下整合型直播等具体玩法，接下来笔者就来逐一进行介绍。

## 9.2.1　信息披露型

信息的传播越来越快捷、便利，人们对信息的及时性要求越来越严苛，报纸、杂志等传播渠道开始显得落后，网络直播这种既能及时披露又能直观显现信息的方式，成为信息传播领域的热门新宠。

信息披露型直播的典型代表是体育赛事直播，如足球、篮球等的直播，此类直播能及时在线传播比赛最新信息，弥补广大球迷不能去现场观看比赛的遗憾，因此，很受用户的欢迎。

## 9.2.2　品牌宣传型

互联网时代的品牌宣传，已经成为企业营销不可缺少的组成部分，而直播式的品牌宣传活动，已经渐渐地成为企业宣传的主流，互联网企业应该顺应这种主流来树立自己的品牌。

例如，华为、小米、OPPO 和 vivo 等手机品牌的新品发布会就是很好地利用了直播这种形式，来进行品牌和产品的宣传推广。图 9-7 所示为某品牌手机的新品直播发布会。

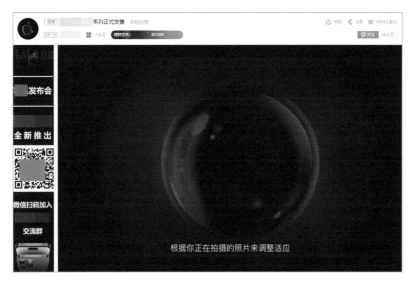

图 9-7　某品牌手机的新品直播发布会

### 9.2.3　网红代言型

如今，普通网店那种简单的商品罗列已经很难打动消费者，网红代言成为新的热门趋势。例如，某著名网红是英雄联盟知名玩家、YY 知名解说主播，目前是虎牙直播签约主播。他早期便在直播平台上积累了超过 100 万的订阅量，LOL 游戏解说为他带来了大量高黏性的粉丝。在视频直播中获得粉丝后，他转型淘宝开店为自己代言，并将这些粉丝引流到淘宝店铺，通过网络营销的方式实现粉丝变现。

### 9.2.4　客服沟通型

客服沟通型直播通过直接现场展示的方式，使用户对于商家和主播的服务更为了解，从而拉近彼此之间的距离。例如，中国移动微博推出客服直播对话服务，使用户既能闻其声，还能见其人，为用户提供了更为真实、形象的服务。

### 9.2.5　娱乐活动型

在移动互联网时代，一切都往娱乐化方向发展，通过开展直播相关的娱乐活动，能促进主播影响力的提高，娱乐活动的直播成为新的直播热点。而且不只是局限于公司企业，明星、网红甚至普通人，也可以通过开展娱乐活动的直播来为自己积累人气，这也正是直播活动的魅力所在。

直播是拉近品牌与粉丝距离的重要途径，通过直播互动能使粉丝更加了解品牌，这对品牌的营销具有非常重要的意义。

### 9.2.6　淘宝店铺型

在淘宝这个时尚媒体开放平台，聚集了一大批以淘女郎为代表的电商红人。她们向粉丝销售的已经不仅是产品本身，更多的是一种生活方式和体验。

很多粉丝喜欢在网红店铺购物，因为粉丝觉得她们搭配的衣服好看，希望穿出和她们一样的效果。例如，某明星从一个演员成功转型为拥有 5 颗皇冠的淘宝卖家。图 9-8 所示为某演员的淘宝店铺直播。

图 9-8　某演员的淘宝店铺直播

## 9.2.7　线上线下整合型

互联网营销方式不仅局限于线上营销，线上与线下的相互延伸和整合已经成为一种新的潮流，通过线上线下整合直播能促进品牌推广。

例如，某著名脱口秀主持人，因为主持线上节目而成为名人。而除了线上的节目，他还积极展开线下的跨年演讲活动，通过每年一次的演讲活动拉近与粉丝之间的距离。

# 9.3　掌握营销方法

对于主播来说，想要在直播的过程中吸引用户前来观看，前期的宣传是必不可少的。而主播在前期宣传时最关键的一步是设计吸引用户的直播看点。那么什么是"直播看点"呢？其实很好理解，即在前期的宣传中设计一个能够吸引用户关注的亮点，这与一个好的标题能够吸引读者点击阅读是一样的道理。

笔者总结了 5 种可以达到直播营销目的的方法，即高颜值、才艺表演、明星效应、利他思维和对比。主播在进行直播策划时，可以根据自身情况以及需求，选择其中一种或几种营销方式。

## 9.3.1　运用高颜值

当要在两款除了外观其他方面都差不多的产品中进行选择时，相信大部分人都会选择外观更为漂亮的那一个，在直播中也是如此，"颜值就是生产力"这一说法已经被越来越多的人认可，且已多次得到验证。

高颜值的主播更容易吸引用户观看、关注和打赏，主播的粉丝越多，人气越高，曝光率就越大。由此可见，选择高颜值的帅哥和美女进行直播，对主播和产品的宣传营销，可以起到事半功倍的效果。

## 9.3.2　运用才艺表演

在直播中进行才艺表演是很受欢迎的一种形式。不管主播是否有名气，只要有过硬的才艺技能，就能吸引大量粉丝观看，例如歌舞、脱口秀、乐器演奏等都可以在直播中获取该领域的忠实粉丝。

那么主播应如何利用才艺直播进行营销呢？才艺营销可以围绕其才艺表演所需要使用到的产品来进行。比如，舞蹈类主播的穿搭通常是很受粉丝关注的，销售服装的商家就可以与舞蹈类主播进行合作；再如吉他演奏需要使用吉他，那么销售乐器的商家就可以与有这类才艺技能的主播进行合作，如图 9-9 所示。除此之外，各艺术类培训机构也可以通过才艺直播的方式吸引学员加入。

图 9-9　销售乐器的商家与会吉他演奏的主播进行合作

### 9.3.3 运用明星效应

明星的一举一动都会受到大众的关注，并且明星粉丝的数量是非常多的，忠诚度和粉丝黏性也相对更高。

由于明星的影响力比普通主播或网红更大，因此当明星出现在直播间时，场面会更加火爆，对主播营销的效果也会更好。但主播在选择这一方式进行营销时，应提前做好预算，并选择与产品、直播间贴合度最高的明星进行合作。

### 9.3.4 采取利他思维

什么是利他思维？简单地说就是一种为他人着想的想法。在直播中，主播如果运用好这种思维，会在很大程度上获得用户的好感。那么具体应该怎么做呢？在直播中，常见的利他行为有知识分享与传播。比如向用户分享生活技能、专业知识、产品的使用方法等。

这种营销方式可以用于美妆类和知识类的直播，在为用户推荐产品的同时，不仅增加了产品的曝光度，还让粉丝学会了适合自己的化妆技巧。图 9-10 所示为绘画知识分享的直播。

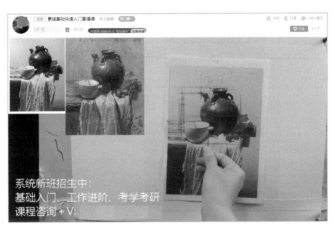

图 9-10　绘画知识分享的直播

### 9.3.5 制作对比反差

"没有对比就没有伤害"，用户在购买商品时都喜欢货比三家，最后选择性价比更高的商品。但很多时候，用户会因为不够专业而无法辨认产品的优劣。这时候主播在直播中则需要通过与竞品进行对比，从专业的角度向用户展示差异化，以增强产品的说服力以及优势。

用户在对产品建立认知或进行价值判断的时候，如果主播没有提供同类产品的对比，那么用户会根据以往的经验和认知进行对比，其结果自然不受主播的控制；但如果主播提供了产品对比图或同类型的参照物，用户就会基于眼前的参照物进行对比，从而达到预期的效果。

用参照物进行对比的营销手段经常被各大商家、企业用来突出自家产品的优势和亮点，如图 9-11 所示。或者为消费者提供同类产品不同型号款式的参考选择，如图 9-12 所示。

图 9-11　同类产品不同商家对比

图 9-12　同类产品不同型号款式对比

又或者用来突出产品的优惠价格和市场原价之间的差距，如图 9-13 所示。还可以用来突出产品使用前后的效果差异，如图 9-14 所示。

图 9-13　产品价格优惠对比

图 9-14　产品使用前后效果对比

**专家提醒**

　　好的参照物能让消费者快速建立对产品的认知，不断强化主播想突出的关键信息，最终达到预期的效果。对比是人类与生俱来的本能，能让我们更快地做出决策，而参照物起到了至关重要的作用。因此，合理地运用参照物进行对比能让直播营销效果大大提升。

# 9.4　探索营销模式

　　主播要想实现直播营销的目的，还需要探索各种热门且实用的模式。没有好的、创新的模式，就无法达到更好的营销效果。本节将向大家介绍几种有效的营销模式。

## 9.4.1 在线教育模式

随着直播行业的发展和网络技术的进步，在线教育成为未来的趋势。与传统教育相比，在线教育具有以下几大优势，如图 9-15 所示。

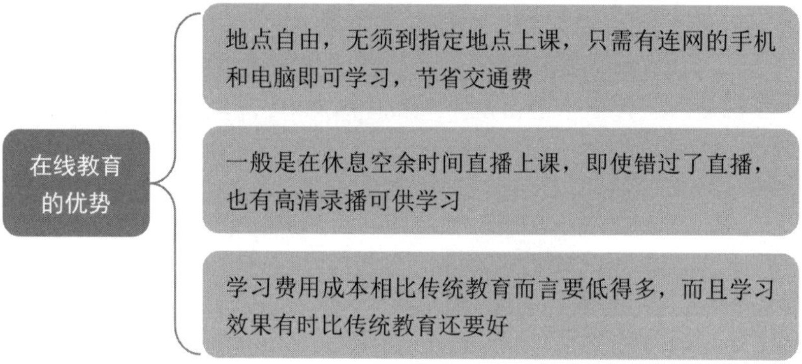

**在线教育的优势**

- 地点自由，无须到指定地点上课，只需有连网的手机和电脑即可学习，节省交通费
- 一般是在休息空余时间直播上课，即使错过了直播，也有高清录播可供学习
- 学习费用成本相比传统教育而言要低得多，而且学习效果有时比传统教育还要好

图 9-15 在线教育的优势

正因为在线教育有诸多优势，所以各大企业纷纷布局在线教育发展战略，比如腾讯推出了腾讯课堂，阿里推出了淘宝教育，百度推出了百度传课，网易有网易云课堂等。以腾讯课堂为例，许多教育机构就是通过开设直播公开课来实现营销的。

不仅如此，就连以二次元文化内容为主的 B 站也专门设立了学习直播分区，可见在线教育模式的火热程度，如图 9-16 所示。

图 9-16 B 站的学习直播分区

## 9.4.2 素人直播模式

素人直播的意思就是普通人的直播,与明星、网红、名人不同,"素人"是未经任何包装的、没有社会地位和影响力的普通民众。而素人直播的兴起主要得力于映客直播,作为一款致力于让人人都能直播的社交软件,映客将素人直播推向了发展的顶端。

素人直播的内容多以日常生活为主,如吃饭、上班、养花、逗狗等,这样的直播方式虽然看似单调无趣,但实际上却解决了很多用户的孤独问题,这样的直播门槛低,并且能引起很多人的情感共鸣,从而推动营销的实现。

当然,直播平台也要对素人直播实行严格的监管,以免出现一些违反规章制度的直播内容,影响整个网络环境。

## 9.4.3 垂直领域模式

直播从泛娱乐模式到垂直领域模式的发展,体现了直播从娱乐化到专业化的转变。随着直播的发展,用户也对直播内容提高了要求,越来越偏向于专业化的直播。

垂直领域直播对主播的专业知识有着更高的要求,这刚好契合了用户的需求。而垂直领域之所以迈进直播平台,其原因有 3 点,即直播的娱乐性、直播的视觉直观性和直播的即时互动性。

对于垂直领域来说,网络直播与垂直领域的结合有利于垂直领域突破瓶颈,找到新的发展机遇;对于网络直播来说,垂直领域的专业性提高了这一领域直播的门槛,减少了竞争。

# 9.5 运用营销技巧

在进行直播的营销推广之前,主播要做好直播营销的方案,这样才能按部就班、循序渐进地执行直播的宣传推广工作。本节主要讲述直播营销的方案要点和宣传引流的技巧等,以提升主播的人气和影响力。

## 9.5.1 了解方案要点

在制定直播营销的方案之前,主播需要弄清楚直播营销方案的必备要点有哪些,这样才能做好方案的整体规划。一般来说，直播的营销方案主要有 5 大要点，其具体内容如下。

### 1. 直播营销的目的

直播营销的方案内容首先要确定好营销的目的，主播需要告诉参与直播营销的工作人员，直播的营销目的是什么。比如，通过直播要完成产品销售的业绩目标，宣传产品的品牌口碑等。

例如，临近国庆节，全国又将引来一拨旅游高峰，许多与旅游行业相关的商家就开始了国庆节促销直播活动。图 9-17 所示分别为酒店商家和行李箱商家国庆活动直播。

**图 9-17　酒店商家和行李箱商家国庆活动直播**

### 2. 营销内容简介

直播营销方案需要对直播营销的主要内容进行概括，包括直播营销的主题、直播营销的形式、直播营销的平台等。

例如，某品牌定于 9 月 16 日举行线上新品发布会，9 月 21 日正式开售，品牌在淘宝官方店铺中发布了关于脱毛仪新品预约的流程和活动，如图 9-18 所示。

### 3. 营销人员分工

直播营销方案需要安排好直播营销工作的人员分配，比如渠道的寻找、内容的制作、推广的执行等。只有落实好直播营销工作的人员安排，才能确保直播营销的顺利进行和圆满成功，从而达到预期的营销效果。

### 4. 规划时间节点

在直播营销的推广过程中，要规划好直播营销的时间节点，一般而言，时间节点包括两个部分：一个是直播的整体时间节点，包括直播的开始时间和结束时间等；另一个是直播营销的每个环节的时间节点。直播营销的时间规划有利于保证直播营销工作的按时进行，减少主观因素导致的工作延期。

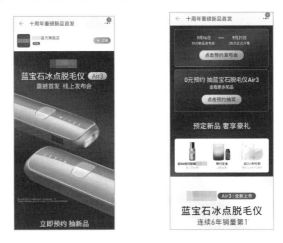

图 9-18　关于脱毛仪新品预约的流程和活动

#### 5．控制成本预算

在直播的营销方案中，要估算好直播营销活动的成本大概有多少，以及可以承受的预算是多少，只有弄清楚这些问题，才能评估直播的营销效果和后期带来的收益。如果在实际执行的过程中出现了预算超支的情况，就要通知相关人员进行调整和调查，以确保直播营销能实现利益的最大化。

## 9.5.2　规划营销方案

主播要想确保直播营销方案的落实和执行，就需要各工作人员对直播营销的工作内容胸有成竹。直播营销方案的执行规划主要有以下 3 个方面，如图 9-19 所示。

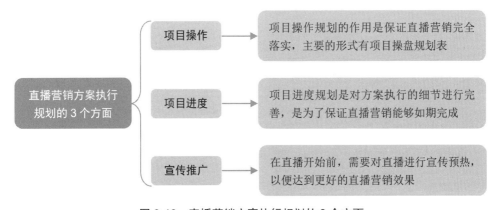

图 9-19　直播营销方案执行规划的 3 个方面

### 9.5.3 掌握引流方法

关于直播营销的宣传和推广，笔者根据自身的经验，总结了几种常见的引流方法，具体内容如下。

#### 1. 广告宣传

硬广告是我们原来最常见的广告营销手段，它是指直接介绍商品以及服务内容的传统广告形式。像电视广告、广告牌、杂志广告等都属于硬广告。硬广告是以强制的手段强迫受众接受，容易引起人的反感，特别是网络上打开网页时自动弹出的广告。虽然硬广告具有传播速度快等优点，但是其缺点更加明显。硬广告的缺点有以下几点。

(1) 费用昂贵，广告投入的成本高。

(2) 数量过多且滥，同质化很严重。

(3) 渗透力比较弱，时效性比较差。

在采用硬广告的引流手段进行直播营销时，要注意尽量避免硬广告的缺点，发挥其优势，这样才能取得直播营销的效果。

#### 2. 软文推广引流

软文推广，顾名思义，就是通过间接的方式来进行广告营销，让消费者虽然看得出是在打广告，却比较容易接受。相对于硬广告而言，软文推广的渗透力和时效性较强，成本较低。软文推广也略有不足，那就是传播速度和见效比较慢。

现如今，在各大商家和主播的营销推广方式中，软文推广越来越流行且受欢迎，因此在进行直播营销推广时，利用软文推广能获得不错的宣传效果。

#### 3. 视频引流

相较于文字、图片的宣传推广方式来说，视频引流的传播效果会更好，因为视频的表达形式更加直观明了，生动形象，易于被用户所理解。

在现在这个快节奏时代，用户已经不太愿意也不太可能花很多时间来了解你所写的内容，所以越来越多的营销人员开始利用视频进行推广和引流，尤其是近几年来，抖音、快手、B站等短视频社交平台的火热更是证明了这一点。

例如，B站某UP主就利用自己在平台上投稿的短视频来进行引流，只要点击"UP主推荐广告"即可跳转到相应的界面，如图9-20所示。

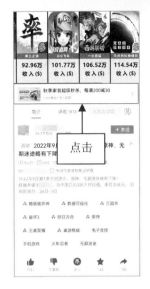

图 9-20　视频引流

### 4．直播平台引流

在各大直播平台上，一般都会有"推送"或"提醒"的功能设置，在正式开始直播之前，可以将开播的消息直接发送给关注主播的粉丝们。这样做既能在直播平台进行预热，提高直播间的人气，吸引更多用户关注；又能利用这段时间做好直播的各种准备工作，如直播硬件设备的调试，以便达到直播的最佳状态。

以淘宝直播为例，用户在主播直播的预告界面点击"预约直播"按钮，即可设置提醒，平台会在直播即将开始时发送消息提醒，如图 9-21 所示。

图 9-21　直播预告的提醒功能

**5. 社区问答引流**

利用贴吧、论坛等社区平台进行引流也是一种常用的营销推广方式，主播可以通过在这些平台上选择相关的问题进行回答，然后在答案中巧妙地留下自己的联系方式或直播链接。这样做既帮助了用户，又可以把流量引入直播间，可谓一举两得，这也是软文推广的形式之一。

常见的社区问答网站有百度贴吧、百度知道、百度经验、天涯论坛、知乎问答等。图 9-22 所示为百度经验网站的首页。

图 9-22　百度经验网站的首页

# 带货卖货篇

# 第 10 章

# 掌握直播操作技巧

　　主播直播是为了卖货，而为了将产品卖出去，主播首先要掌握创建直播间、添加带货商品和添加平台功能的操作方法。本章以抖音 App 为例，详细介绍主播在直播带货过程中需要掌握的操作技巧。

# 10.1 掌握操作技巧

抖音 App 的主要卖货渠道有用户主动搜索、直播间购物车和短视频搜同款，其中直播间的用户下单量是最大的。如今，越来越多的用户习惯于通过直播进行购物，直播将成为未来电商消费的重要场景与渠道。

本节主要介绍直播间开播技巧和售卖商品的操作方法，帮助大家快速掌握抖音直播带货的相关操作技巧。

## 10.1.1 创建直播间

抖音针对年满 18 周岁以上并完成了实名认证的用户提供了直播功能，下面介绍创建抖音带货直播间的操作方法。

步骤 01 打开抖音 App，点击底部的◙按钮，如图 10-1 所示。

步骤 02 进入"快拍"界面，点击右下角的"开直播"按钮，如图 10-2 所示。

图 10-1 点击相应按钮　　　　图 10-2 点击"开直播"按钮

步骤 03 执行操作后，即可进入"开直播"界面，主播可以在此完善直播信息，包括封面、标题、直播内容和话题等，如图 10-3 所示。直播封面要与直播内容贴合，也可以使用主播的真人照片，这样能够有效促进用户进入直播间。直播标题要能够反映直播内容，增强对用户的吸引力。另外，添加与直播间适配的话题，能够获得更多精准的流量和曝光度。

**步骤 04** 例如，点击"选择直播内容"按钮；在弹出的"选择直播内容"面板中可以选择相应的直播内容形式，带货直播间通常选择"购物/电商"选项，如图 10-4 所示，这样有助于获得更多兴趣相投的用户。完成直播间的信息设置后，点击"开始视频直播"按钮，即可创建直播间。

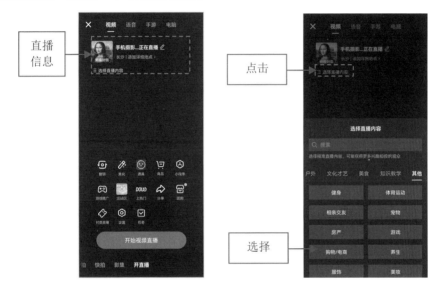

图 10-3 "开直播"界面　　　图 10-4 选择相应的直播内容形式

## 10.1.2 添加带货商品

主播可以先添加商品再开播，在"开直播"界面中点击"商品"按钮，进入"添加商品"界面，如图 10-5 所示，可以在"我的橱窗""我的小店""专属商品"列表框中选择相应的商品，点击"添加"按钮，即可将其添加到直播间购物车列表中。

**专家提醒**

"我的小店"渠道适用于与店铺有绑定关系的抖音号，可以直接添加对应店铺内的商品到直播间。另外，主播还可以通过粘贴商品链接的方式，将其他商家提供的商品添加到自己的直播间。

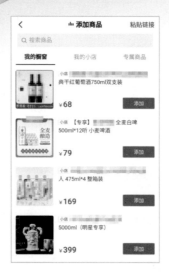

图 10-5  "添加商品"界面

如果主播选择在创建直播间后再添加商品，可以在"开直播"界面中点击购物车图标，然后再点击"添加直播商品"按钮，即可进入"添加商品"界面。

另外，主播也可以在 PC 端后台添加直播商品，进入巨量百应平台首页，切换至"直播管理"页面；在左侧导航栏中选择"直播中控台"选项；在右侧窗口中单击"添加商品"按钮，如图 10-6 所示。

图 10-6  单击"添加商品"按钮

执行操作后，弹出"添加商品"窗口，如图 10-7 所示，主播可以在"选择商品"列表框中通过橱窗、店铺、定向商品或专属商品等方式添加商品，也可以通过粘贴商品链接的方式添加商品。

图 10-7 "添加商品"窗口

## 10.1.3 设置商品卖点

在直播间添加商品后，主播可以给商品设置内容易懂且有吸引力的卖点信息，这样不仅可以让商品更好地与用户进行"交流"，而且能够有效引导用户转化。图 10-8 所示为直播间的购物车列表中展示的商品卖点。

图 10-8 直播间的购物车列表中展示的商品卖点

主播可以在 PC 端后台进行设置，进入巨量百应平台的"直播中控台"页面，单击相应直播商品中的"设置卖点"右侧的 图标，弹出"设置商品卖点"对话框；在文本框中可以输入 15 字以内的商品卖点，如图 10-9 所示。

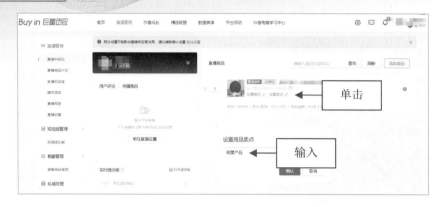

图 10-9　输入商品卖点

在"直播商品"列表中，按住商品卡片前方的 ▦ 图标并上下拖曳，即可调整商品的排列顺序。主播也可以通过修改商品序号的方式，快速将商品移动到指定位置。将鼠标指针移至相应商品的卡片上，单击右上角的 ✕ 图标，即可在直播间删除该商品。

## 10.1.4　设置商品讲解卡

主播在开播过程中，点击购物车图标 🛒，在弹出的"直播商品"页面中点击"讲解"按钮，如图 10-10 所示。主播设置商品讲解卡后，用户端即可看到"讲解中"的标签提示，了解主播当前在介绍哪个商品，如图 10-11 所示。

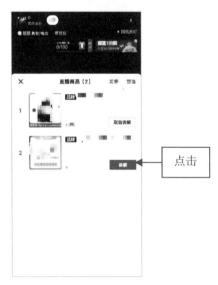

图 10-10　点击"讲解"按钮

图 10-11　商品讲解卡展示效果

商品讲解卡展现一段时间便会自动消失，此时主播可以再次点击"讲解"按钮显示商品讲解卡。当商品讲解完毕后，主播可以点击"取消讲解"按钮关闭商品讲解卡功能。

另外，主播也可以进入巨量百应平台的"直播中控台"页面，单击相应直播商品卡片右侧的"讲解"按钮，如图 10-12 所示，即可在用户端展示商品讲解卡。

图 10-12    单击"讲解"按钮

# 10.1.5    设置主推商品

过去，主播通常都是通过口播或商品讲解卡的形式引导用户去购买直播间的主推款。现在，抖音电商平台推出了"主推商品"功能，主播可以直接添加直播间主推商品。图 10-13 所示为主推商品的两种展现效果。

图 10-13    主推商品的两种展现效果

如果直播间中的商品太多，用户一时很难找到推荐商品，这样会影响用户购买的欲望，此时即可配置主推商品来有效解决此问题，其好处如图 10-14 所示。

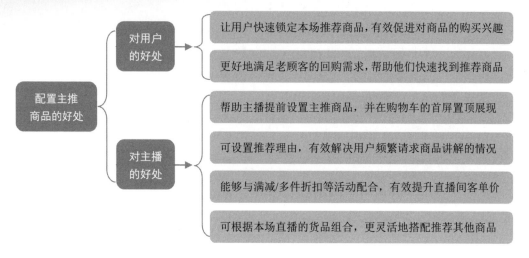

图 10-14　配置主推商品的好处

主播可以在"直播商品"界面中点击"管理主推"按钮；选中相应商品(2～3 个)前的复选框；点击"设为主推"按钮，如图 10-15 所示，然后为每个商品设置相应的主推理由并确认即可。

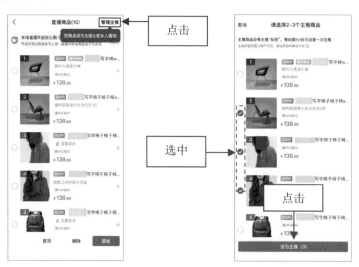

图 10-15　设置主推商品

主播在选择主推商品时，可以参考商品的历史销售数据和本场直播的招商选品情况，并提前策划好推荐理由，从而提高直播间购物车首屏商品的转化效果。

## 10.2　运用平台功能

抖音 App 可以说是抖音电商的一个重要卖货渠道，不仅完全对接了抖音的电商功能，而且还为抖音平台上的商品带来了更多的曝光机会。

在抖音平台上，想要打动直播间用户的心，让他们愿意下单购买，主播就需要掌握一定的直播商品售卖技巧。本节将分享抖音平台直播带货的一些实用功能，帮助主播有效提升直播间的商品转化率。

### 10.2.1　带货榜功能

在抖音直播间的左上角可以看到一个"带货榜"的标签，点击该标签，如图 10-16所示。在弹出的"带货榜"列表中，即可查看抖音平台上的所有主播的实时热度排名，如图 10-17 所示。

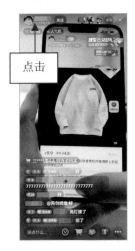

点击

主播在"带货榜"列表中的排名越高，能够获得的曝光机会也越多，还会提升用户对主播的信任度

图 10-16　点击"带货榜"标签　　　　图 10-17　"带货榜"列表

主播的排名依据为热度值，是根据当前直播间和小店商品的售卖情况、直播间人气、主播带货口碑等指标进行综合计算得来的，同时榜单会每小时更新一次。

"带货榜"的入榜门槛如下。

- 主播带货口碑不低于 4.2 分。
- 主播账号符合平台安全规范，不存在作弊等安全风险。
- 直播间在当前小时需添加过购物车并成功售卖抖音小店商品。

## 10.2.2 录制高光功能

很多时候，用户进入直播间后可能并不想看主播当前讲解的商品，而是看中了已经讲解过的商品，此时主播可以录制讲解视频，让用户直接看刚才的讲解回放内容。

用户在购物车中看到感兴趣的商品后，可以直接点击商品卡片上方的"看讲解"按钮，回看该商品的讲解视频，如图10-18所示。

图 10-18 回看该商品的讲解视频

主播可以在抖音的"开直播"界面中点击"设置"按钮；在弹出的"设置"面板中开启"录制高光"功能即可，如图10-19所示。

执行操作后，主播可以在直播间点击购物车列表中的"讲解"按钮开始讲解商品，讲解完毕之后点击"取消讲解"按钮或者其他商品的"讲解"按钮，系统会自动截取商品对应的录制视频。录制商品讲解视频，可以对直播带货起到很好的辅助和补充作用，当主播没有时间讲解时，即可使用讲解回放视频来满足用户需求和促进用户下单。

**专家提醒**

需要注意的是，主播录制商品讲解视频后，这个视频只会保留在本场直播中，下场直播不会再展示上场直播录制的视频，而是需重新开启"录制高光"功能并进行商品的讲解。

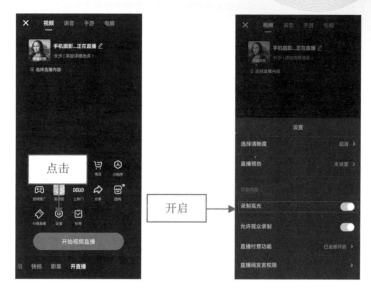

图 10-19　开启"录制高光"功能

## 10.2.3　设置提词功能

主播在直播间带货时，对于直播节奏的把控和氛围的营造非常重要，并对直播间的商品销量产生影响。很多主播会在直播前准备大量的提词板，甚至购买专业的提词设备，以避免出现忘词的尴尬场面。

主播可以利用巨量百应平台的"设置提词"功能，在备播期间提前配置提词内容，同时还可以在开播期间实时编辑提词内容，以及分窗口查看主播看板，全方面提升开播体验，让主播的卖货过程更加顺畅。

进入巨量百应平台的"直播管理"页面，创建一个直播商品计划，在"商品列表"选项区中单击相应商品标题下方的"设置提词"按钮，如图 10-20 所示。

执行操作后，弹出"标题文案"窗口，在"题词内容"文本框中输入相应的文案，同时还可以设置文字的大小和颜色，方便突出商品卖点，如图 10-21 所示。

当主播开播后，可以直接点击"提词"按钮，通过主播看板来查看提词内容，了解当前讲解商品的提词信息，同时还会显示当前商品已讲解的时间、商品价格、当前库存和已加购数量等信息，如图 10-22 所示，能够更好地帮助主播判断与调整商品讲解时间和节奏。

图 10-20　单击"设置提词"按钮

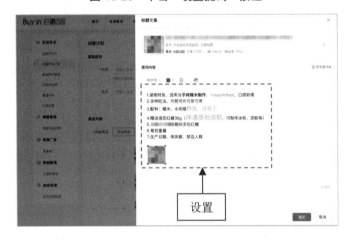

图 10-21　设置题词内容

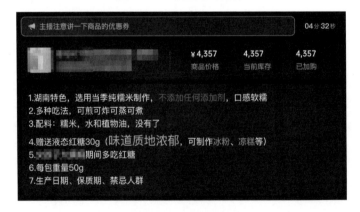

图 10-22　主播看板

## 10.2.4　闪购功能

主播可以通过"闪购"功能在直播间发布非标商品，并向直播间内的所有用户或定向用户发送闪购邀请，促进买卖双方快速成交。

主播可以进入巨量百应平台的"直播管理"页面，在左侧导航栏中选择"直播闪购"选项，进入"闪购"页面，在"新建闪购"选项区中单击"全量类型"按钮，如图 10-23 所示。

图 10-23　单击"全量类型"按钮

执行操作后，弹出"新建闪购"窗口，如图 10-24 所示，主播可以设置闪购名称、商品图片(系统会自动截图，注意对准开单卡片和商品)、商品数量、商品价格、运费和备注等选项，单击"新建"按钮即可。

图 10-24　"新建闪购"窗口

**专家提醒**

标品指有规格化的产品，有明确的型号等，比如笔记本电脑、手机、电器、美容化妆品等；非标商品是指无法进行规格化分类的产品，比如服装、鞋子、珠宝玉石等。注意，只有平台认可的非标商品类目才能使用"闪购"功能，例如珠宝玉石。

创建闪购商品后，用户进入直播间时，会自动弹出闪购商品卡，方便用户下单，如图 10-25 所示。同时，在购物车中的活动商品上还会展示"闪购"标签，如图 10-26 所示。

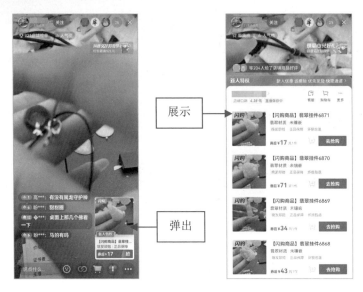

图 10-25　自动弹出闪购商品卡　　　图 10-26　展示"闪购"标签

用户选择相应商品并点击"去抢购"按钮后，可以直接进入付款下单的界面，而不会进入商品详情页，缩短了用户的消费路径，可以有效促进用户转化，并配合主播的口播快速实现成交。

## 10.2.5　绿幕大屏功能

主播可以使用抖音官方的电脑直播伴侣软件开播，然后使用"绿幕大屏"功能为直播间配置商品背景模板，为用户带来更加专业、稳定的直播间画面效果和更多样化的商品展现场景，从而提升用户的看播体验。

直播伴侣中的"绿幕大屏"功能需要用到绿幕背景素材，主播可以通过上传自定义的商品图片素材或使用官方提供的商品模板，在直播间背景中实时展示商品信息，包括品牌名称、商品名称、商品主图、直播间活动价格、商品卖点、折扣力度等关键信息，如图 10-27 所示。

图 10-28 所示为使用直播伴侣软件的"绿幕大屏"功能设置的直播间背景效果。用户进入直播间后，可以通过"绿幕大屏"更直观地了解到商品的核心卖点及价值，从而促进直播间商品的有效转化。

图 10-27　直播伴侣软件中的"绿幕大屏"功能

图 10-28　直播间的"绿幕大屏"效果

　　"绿幕大屏"具有成本低、操作灵活、无缝切换多种使用场景等优势，可以用于直播间基础商品的日常推广，或者体现商品在直播期间的活动形式与价格对比，增强促销氛围，提高用户对于直播间福利的感知度。

## 10.2.6 评论管理功能

作为带货主播，经常会碰到评论言论不友善的用户，此时场控人员如果通过手机端回复评论，则速度非常慢，对于这些恶意评论很难做到实时响应。

巨量百应平台推出了直接回复评论和禁言功能，可以帮助主播有效管理直播间评论，提升直播体验。进入巨量百应平台的"直播中控台"页面，在"用户评论"选项区中即可查看和回复直播间的用户评论，如图 10-29 所示，可以及时解决用户的疑问，提高用户转化率。

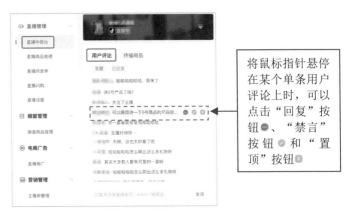

将鼠标指针悬停在某个单条用户评论上时，可以点击"回复"按钮 、"禁言"按钮 和"置顶"按钮

图 10-29 "用户评论"选项区

当主播想要提升直播间的互动氛围，或者想要告知用户正在讲解商品的补充信息时，可以通过发送评论的方式引导用户进行互动，增加直播间有效评论数量。评论发送成功后，用户可以在直播间看到以主播身份发送的评论，如图 10-30 所示。

同时，主播还可以将优质评论置顶，重点展示用户发表的优质评论或需要用户关注的商品信息、福利。在直播结束后且未重新开播之前，主播可以回看直播间用户发布和回复的评论，帮助主播复盘用户的互动效果，为下次开播提供决策参考。

图 10-30 以主播身份发送的评论

## 10.2.7　粉丝团功能

主播开播后可以创建一个以自己为团长的粉丝团，实时查看粉丝团成员数量以及完成任务的人数，后续可根据粉丝团成员等级进行粉丝人群运营。粉丝团是专属于粉丝和主播的社区，用户加入粉丝团后可以通过升级来解锁不同的权益和奖励，如图 10-31 所示。

同时，主播还可以开启粉丝团的电商任务，将用户的等级和在直播间的下单量进行关联，实现用户的持续转化，促进直播间 GMV(gross merchandise volume，指一定时间段内的商品交易总额)的提升。主播开播后，可以点击粉丝团图标🖐；在下方弹出的对话框的"任务进度"选项卡中开启"开启购买商品任务"功能，如图 10-32 所示，用户侧即可看到电商任务。

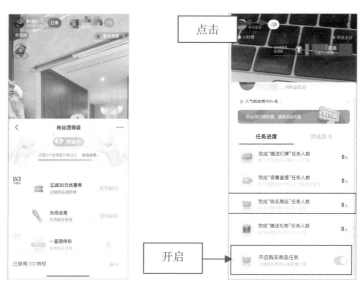

图 10-31　粉丝团等级　　　图 10-32　开启"开启购买商品任务"功能

电商任务可以为直播间中的高付费用户提供明确的升级路径，帮助主播快速识别具有消费能力的粉丝并引导粉丝下单，有助于提升后续的粉丝运营效果。

## 10.2.8　数据分析功能

抖音电商罗盘具有完整的直播间详情数据分析功能，具体包括各种直播指标和电商指标，以及直播详情概况、整体看板、实时趋势、流量分析、商品分析、用户画像、实时直播核心数据等功能，其入口为"抖音电商罗盘→直播分析→数据详情"。

图 10-33 所示为流量分析板块中的"流量来源趋势"分析功能，可以非常直观地展示直播间各流量来源的变化情况，帮助主播找出自然流量或付费流量的主要来源渠道，从而"强化优势，弥补不足"，提升直播间的流量。

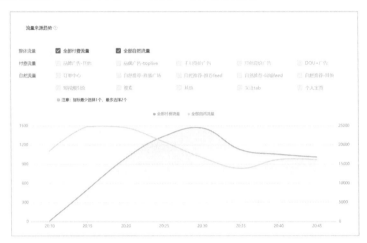

图 10-33 "流量来源趋势"分析功能

图 10-34 所示为"实时趋势"分析功能，主播可以按"分钟级"或"小时级"分别查看直播间的人气指标、互动指标、商品指标和订单指标等数据趋势图。主播可以查看一天内的直播间数据变化趋势，找到峰值数据处的运营动作进行直播复盘，保留有效的直播运营方法，积累经验，提高直播间的成交数据。

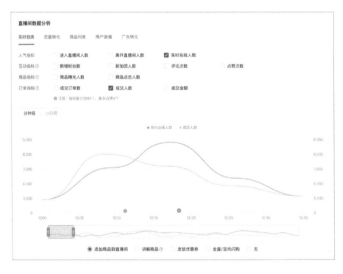

图 10-34 "实时趋势"分析功能

另外，主播还可以通过对比直播间的曝光量、点击量、成交量之间的差异和退款数据，分析整个直播带货链路各环节的转化效率，从而在后续的直播运营策略中有针对性地进行产品的优化，最终实现转化效果的提升。

## 10.2.9  自播诊断功能

主播可以利用抖音电商罗盘平台的"自播诊断"功能，对自播数据进行复盘，从而不断优化自播策略，并形成稳定的直播间日销数据。其入口为"抖音电商罗盘→诊断→自播诊断"。

图 10-35 所示为"自播诊断"中的"流量效率"分析功能，该页面会展示直播间的千次观看成交金额和待改进指标，以及商品点击率、商品点击成交转化率、看播成交转化率和成交件单价等其他重点关注指标。主播可以准确地了解各项自播指标的数值，以及同行业、同规模商家的数据对比和历史变化情况，从而找出直播间的问题所在，并调整相应的直播运营策略。

图 10-35  "流量效率"分析功能

# 第11章

# 运用促单技巧

主播想提升直播间的转化率，就需要运用一定的促单技巧。促单技巧包含很多方面，例如运用销售话语、营造带货氛围和抓住用户需求等，运用这些技巧可以抓住用户的消费心理，从而促使他们完成最后的下单行为。

# 11.1 运用销售话语

主播在直播带货的过程中，除了要把产品很好地展示给用户以外，还要掌握一些直播销售方法和常用的话语模板，这样才可以更好地进行产品的推销，从而让主播的商业价值得到增值。

## 11.1.1 介绍法

主播在直播间带货时，可以用一些生动形象和有画面感的话语来介绍产品，达到劝说用户购买产品的目的。介绍法一共有 3 种操作方式，下面一一进行讲解。

### 1. 直接介绍法

直接介绍法是指主播直接向用户介绍和讲述产品的优势与特色，让用户快速了解产品的卖点。这种直播话语的最大优势就是节约时间，能够直接让用户了解产品的优势，省去不必要的询问过程。

例如，对于服装产品，主播可以这样说："这款服饰的材质非常轻薄贴身，很适合夏季穿着。"这就是通过直接介绍服装的优点，指出服装的材质优势，来吸引用户购买。

### 2. 间接介绍法

间接介绍法是指采取向用户介绍和产品本身相关、联系密切的其他事物，来衬托介绍产品本身。

例如，如果主播想向用户介绍服装的质量，不直接说服装的质量有多好，而是介绍服装面料的来源，间接表达服装的质量过硬，这就是间接介绍法。

### 3. 逻辑介绍法

逻辑介绍法是指主播采取逻辑推理的方式，通过层层递进的语言将产品的卖点讲出来，整个语言的前后逻辑和因果关系非常清晰，更容易让用户认同主播的观点。

例如，主播在进行服装带货时，可以对用户说："用几杯奶茶钱就可以买到一件美美的服装，您肯定会喜欢。"这就是一种逻辑介绍法，表现为以理服人、顺理成章，说服力很强。

## 11.1.2　赞美法

赞美法是一种常见的直播带货话语，这是因为每一个人都喜欢被人称赞，喜欢得到他人的赞美。在这种赞美的情景之下，被赞美的人很容易情绪高涨，从而购买主播推荐的产品。

主播可以将产品能够为用户带来的改变说出来，告诉用户使用了产品后，会变得怎么样，通过赞美的语言来为用户描述梦想，让用户对产品心生向往。下面介绍赞美法的相关技巧，如图 11-1 所示。

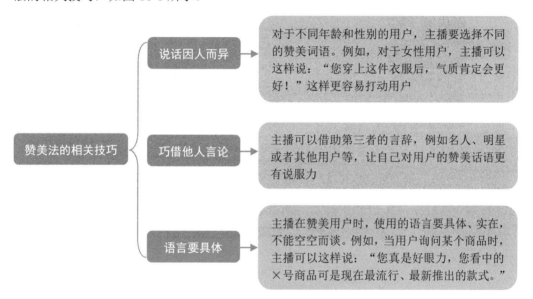

图 11-1　赞美法的相关技巧

另外，"三明治赞美法"也是赞美法里面比较被人们所推崇的一种表达方法，它的表达方式是：首先根据对方的表现来称赞他的优点；然后提出希望对方改变的不足之处；最后，重新肯定对方的整体表现状态。通俗的意思是：先褒奖，再说实情，最后进行总结。

例如，当用户担心自己的身材不适合这件裙子时，主播就可以这样说："这条裙子不挑人，大家都可以穿，虽然您可能有点不适合这款裙子的版型，但是您非常适合这款裙子的风格，不如尝试一下。"

### 11.1.3　强调法

强调法，就是需要主播不断地向用户强调这款产品是多么好，多么适合他，类似于"重要的话说三遍"。

当主播想大力推荐一款产品时，就可以通过强调法来营造一种热烈的氛围，这样用户在这种氛围的引导下，会不由自主地下单。强调法通常用于在直播间催单，能够让犹豫不决的用户立刻行动起来，相关技巧如图 11-2 所示。

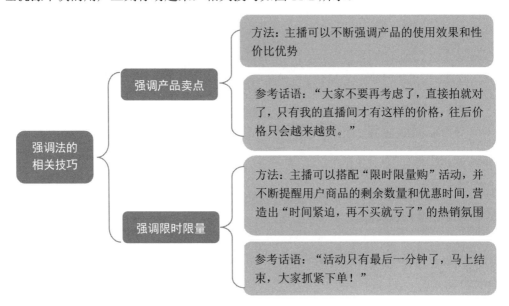

图 11-2　强调法的相关技巧

### 11.1.4　示范法

示范法也叫示范推销法，就是要求主播把要推销的产品，通过亲自试用来给用户进行展示，从而激起用户的购买欲望。由于直播带货的局限性，用户无法亲自试用产品，这时就可以让主播代替用户来使用产品，让用户更直观地了解产品的使用效果。图 11-3 所示为示范法的操作思路。

示范法涉及的方法和内容较复杂，因为不管是产品陈列摆放或者当场演示，还是主播展示产品的试用、试穿或试吃等方式，都可以称为示范法。示范法的主要目的就是让用户达到一种亲身感受产品优势的效果，同时通过把产品的优势尽可能地全部展示出来，来吸引用户的兴趣。

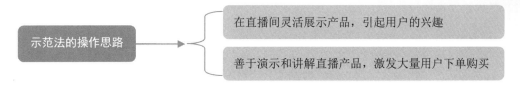

图 11-3　示范法的操作思路

## 11.1.5　限时法

限时法是指主播直接告诉用户，本场直播在举行某项优惠活动，这个活动到哪天截止，在这个活动期，用户能够得到的利益是什么。此外，主播还需要提醒用户，在活动期结束后，再想购买，就要花更多的钱。

参考话语："亲，这款服装，我们今天做优惠降价活动，今天就是最后一天了，您还不考虑入手一件吗？过了今天，价格就会回到原价位，和现在的价位相比，足足多了几百元呢！如果您想购买这款服装的话，必须尽快下单哦，机不可失，时不再来。"

主播在直播间向用户推荐产品时，就可以积极运用限时法，给用户制造紧迫感，也可以通过直播界面的公告牌和悬浮图片素材中的文案来提醒用户。使用限时法催单时，商家还需要给直播商品开启"限时限量购"功能。该功能通过对折扣促销的产品数量和销售时间进行限定，来实现饥饿营销的目的，可以快速提升店铺人气和 GMV。

## 11.2　营造带货氛围

直播作为一种卖货的方式，主播要通过自己的言行在整个环境氛围上营造出紧张感，给用户带来时间压力，刺激他们在直播间下单。

而且，主播在直播带货时，必须时刻保持高昂的精神状态，将直播当成现场演出，这样用户才会更有沉浸感。本节将介绍一些营造直播带货氛围的相关话语及技巧，帮助主播更好地引导用户下单。

## 11.2.1　开场打招呼

主播在开场时要记得跟用户打招呼，下面是一些常用的模板。

(1)　"大家好，主播是新人，刚做直播不久，如果有哪些地方做得不够好，希望大家多包容，谢谢大家的支持。"

(2)　"我是××，将在直播间给大家分享××××，而且会每天给大家带来不同的惊喜哟，感谢大家捧场！"

(3)　"欢迎新进来的宝宝们来到××的直播间，支持主播就加个关注吧！"

(4)　"欢迎××进入我的直播间，××产品现在下单有巨大优惠哦，千万不要错过了哟！"

(5)　"××产品的秒杀价还剩下最后 10 分钟，进来的朋友们快下单！错过了这拨福利，可能要等明年这个时候了哦！"

如果进入直播间的人比较少，此时主播还可以念出每个人的名字，下面是一些常用的打招呼模板。

(1)　"欢迎×××来到我的直播间。"

(2)　"嗨，×××您好！"

(3)　"哎呀！我们家×××来了。"

(4)　"又看到一个老朋友，×××。"

当用户听到主播念到自己的名字时，通常会有一种亲切感，这样用户关注主播和下单购物的可能性也会更大。另外，主播也可以发动一些老粉丝去直播间跟自己聊天，带动其他用户评论互动。

## 11.2.2　给予时间压力

有很多人做过相关的心理学试验，都发现了一个共同的特点，那就是"时间压力"的作用。

(1)　在用数量性信息来营造出超高的时间压力环境下，消费者很容易产生冲动性的购买行为。

(2)　而在用内容性信息来营造出较低的时间压力环境下，消费者在购物时则会变得更加理性。

主播在直播带货时也可以利用"时间压力"的原理，通过自己的语言魅力营造出一种紧张状态和从众心理，来降低用户的注意力，同时让他们产生压力，忍不住抢着下单。

下面介绍一些能够增加"时间压力"的话语模板。

(1)　参考模板："6 号产品赶紧拍，主播之前已经卖了 10 万件！"

分析：用销量数据来说明该产品是爆款，同时也能辅助证明产品质量的可靠性，从而暗示用户该产品很好，值得购买。

（2）参考模板："××产品还有最后 5 分钟就恢复原价了，还没有抢到的朋友要抓紧下单了！"

分析：用倒计时来制造产品优惠的紧迫感和稀缺感，让用户产生"自己现在不在直播间下单，就再也遇不到这么实惠的价格"的想法。

（3）参考模板："××产品主播自己一直在用，现在已经用 3 个月了，效果真的非常棒！"

分析：主播通过自己的使用经历为产品做担保，让用户对产品产生信任感，激发他们的购买欲望。需要注意的是，同类型的产品不能每个都这样说，否则就显得太假了，容易被用户看穿。

（4）参考模板："这次直播间的优惠力度真的非常大，工厂直销，全场批发，宝宝们可以多拍几套，价格非常划算，下次就没有这个价了。"

分析：主播通过反复强调优惠力度，同时抛出"工厂直销"和"批发"等字眼，会让用户觉得"商家已经没有利润可言，这是历史最低价"，吸引用户大量下单，从而提高客单价。

（5）参考模板："直播间的宝宝们注意了，××产品的库存只有最后 100 件了，抢完就没有了哦，现在拍能省××元，还赠送一个价值××元的小礼品，喜欢的宝宝直接拍。"

分析：主播通过产品的库存数据，来暗示用户这个产品很抢手，同时还利用附赠礼品的方式，来超出用户的预期价值，达到更好的催单效果。

（6）参考模板："××产品在店铺的日常价是××元，去外面买会更贵，一般要××元，现在直播间下单只需××元，主播在这里相当于给大家直接打了 5 折，价格非常划算了。"

分析：主播通过多方对比产品的价格，来突出直播间价格的实惠，让用户放弃去其他地方比价的想法，从而在自己的直播间下单。

## 11.2.3　进行暖场互动

在直播间中，主播也需要和用户进行你来我往的频繁互动，这样才能营造出更火热的直播氛围。

因此，主播可以利用一些互动话语和话题，吸引用户深度参与到直播中，相关技巧如图 11-4 所示。

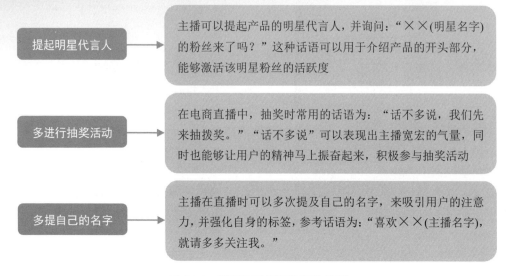

图 11-4　暖场互动话语的相关技巧

## 11.2.4　回复用户提问

许多用户之所以会对主播进行评论，主要就是因为他们对于产品或直播中的相关内容有疑问。针对这一点，主播在策划直播脚本时，应尽可能地选择一些能够引起用户讨论的内容。这样做出来的直播自然会有用户感兴趣的点，而且用户参与评论的积极性也会更高一些。

当用户对主播进行提问时，主播一定要积极做好回复工作，这不仅是态度问题，还是获取用户好感的一种有效手段。下面总结了直播间的用户常提的一些问题，和对应的解答技巧，可以帮助主播更好地回复用户并引导他们互动。

### 1．问题 1："看一下××产品"

第一个常见的提问为"看一下××产品"或"×号宝贝试一下"，用户在评论中提出需要看某个产品或款式。这一类型的提问，表示用户在观看直播的时候对该产品产生了兴趣，需要主播进行讲解，所以提出了这个问题。

如果主播方便的话，或者时间比较充裕，则可以马上拿出产品进行试用或试穿，同时讲解产品的功能和价格等方面的优势，并挂上产品链接引导用户下单，如图 11-5 所示。

左侧标注：讲解产品

左侧标注：观众提问

右侧标注：挂上链接

图 11-5　拿出产品进行讲解并挂上产品链接引导下单

## 2. 问题 2："主播多高多重？"

第二个常问的问题是问主播的身高和体重，例如"主播多高多重？"。虽然在直播间中通常会通过公告牌、文字、小黑板或悬浮图片素材来展示主播的身高与体重信息，但用户可能没有注意到这些细节，如图 11-6 所示。

左侧标注：公告牌

右侧标注：悬浮图片素材

图 11-6　通过公告牌或悬浮图片素材显示主播的身高与体重信息

此时，主播可以直接回复用户，提醒他们查看直播界面上的信息，有其他的问题可以继续留言。

### 3．问题3："身高不高能穿吗？"

第三个问题是用户在直播间内问主播："身高不高能穿吗？"对于这类问题，主播可以让用户提供具体身高和体重信息，然后再给予合理的意见，或者询问用户平时所穿的尺码。

例如，卖连衣裙的直播间，主播可以说自己的产品是标准尺码，平时穿 L 码的用户，可以直接选择 L 码；也可以自行测量自身的腰围，再参考裙子详情页中的详细尺码信息，来选择适合自己的尺码。

### 4．问题4："主播怎么不理人？"

有时候用户会问主播"为什么不理人"，或者责怪主播没有理会他。这时候主播需要安抚该用户的情绪，可以回复说没有不理，并且建议用户多刷几次评论，主播就能看见了。如果主播没有及时安抚用户的话，可能就会丢失这个潜在客户。

### 5．问题5："×号宝贝多少钱？"

最后一个问题是针对用户观看直播，但是他没有看商品的详情介绍，而提出的相关价格方面的问题。对于此类问题，主播可以引导用户在直播间领券下单，或者告诉用户关注主播可享受优惠价。

## 11.3  抓住用户需求

主播如果要想打动直播间的用户，激发他们的购买行为，就需要让用户看到产品带给他们的价值。

本节将通过介绍销售方法，以及抓住用户的痛点、痒点与爽点的方法，来解决直播销售过程中的关键问题——提升转化率。

### 11.3.1  用对销售方法

#### 1．给用户"讲故事"，让他们感同身受

现在的直播销售行业竞争激烈，为了更快地吸引粉丝和增加销量，很多主播都开始通过降低商品价格来争抢流量。

用户经常会在直播间向主播提出疑问："为什么你卖的商品价格比别人的高？"面对这种情况，主播怎么解决才好？这时，主播就可以通过"讲故事"的方式，让用户感同身受，深刻理解其中的道理，从而潜移默化地打动用户的心。那么，主播该如何"讲故事"呢？

首先，主播应该从自己的亲身经历入手，增加代入感。想给用户讲一个"好故事"，必须有一个吸引人的开头。如果主播直接上来就讲自己的想法，不做一点铺垫，只怕没什么人能听得下去。

然后，主播可以引入问题，同时引导用户一起来分析和讨论这个问题。这个问题最好能和用户的实际生活或消费需求联系起来，使用户觉得这些和自己是有密切关系的，不认真看直播的话，很可能会造成自己的利益受损。

### 2. 把故事"演出来"，让用户产生共鸣

除了直接"讲故事"外，主播还可以声情并茂地把故事"演出来"，这样更容易让用户产生共鸣。

主播在发表自己的观点时，最好加上一些和用户日常生活贴近的有类比性的例子，将其放到自己的故事情节中，这样能让用户在对事例产生共鸣后，也会对主播的观点表示认可。

### 3. 不断强调主播的人设，让用户对主播信服

人设，一直是吸引粉丝的法宝，当主播树立起自己的人设后，需要不断地向用户强调自己的人设，更重要的是让用户相信自己的人设。

想让用户对自己的人设信服，主播可以在直播的时候，通过肢体语言向用户表现出自己的性格与形象。此外，打造人设还有一个更简单的方法，就是由主播自己大声地"说"出来。

例如，主播可以在直播间向用户说"我要成为在直播榜上排名前多少的主播"这样的话语，可以让用户产生一种感受："这种充满斗志和信心的人就是我想成为的那种人"，或者"这个主播就是我向往成为的那种人，我要向他学习，和他一起成长、进步"，让用户感觉支持这个主播，就是在支持自己。

### 4. 灌输个人价值观，让用户产生崇拜感

一个优秀的主播应该可以控制整场直播的节奏，让用户跟随自己的节奏走，更优秀的主播，还会向用户灌输自己的价值观。

主播通过一系列的价值观输送，可以向用户表明一个信息："你可以说我卖的商品贵，但是你会明白它为什么那么贵，它贵是因为它值得，并且从性价比的角度来看，它甚至是超值的。"

## 11.3.2 解决用户痛点

痛点，就是用户急需解决的问题，如果没有解决这个痛点，就会很痛苦。用户为了解决自己的痛点，一定会主动去寻求解决办法。研究显示，每个人在面对自己的痛点时，是最有行动效率的。

大部分用户进入直播间，就表明他在一定程度上对直播间是有需求的，即使当时的购买欲望不强烈，但是主播完全可以通过抓住用户的痛点，让购买欲望不强烈的用户也欣然下单。

当主播在提出用户痛点时需要注意，只有与用户的"基础需求"有关的问题，才能算是他们的真正痛点。"基础需求"是一个人最根本和最核心的需求，这个需求没解决的话，人的痛苦会非常明显。

例如，在下面这个卖洗地机的直播间中，主播通过现场演示突出了该产品强大的清洁能力，从而帮助用户解决打扫地板卫生这个痛点，如图 11-7 所示。

**图 11-7　卖洗地机的直播间案例**

主播在寻找和放大用户痛点时，让用户产生解决痛点的想法后，可以慢慢地引入自己想要推销的产品，给用户提供一个解决痛点的方案。在这种情况下，很多人都会被主播所提供的方案所吸引。毕竟用户痛点出来了，用户一旦察觉到痛点的存在，第一反应就是消除这个痛点。

主播要先在直播间中营造出用户对产品的需求氛围，然后再去展示要推销的产品。在这种情况下，用户的注意力会更加强烈、集中，甚至他们的心情会有些急切，希望可以快点解决自己的痛点。

例如，在下面这个卖煎蛋锅的直播间中，主播通过演示产品的使用场景，不仅解决了用户"煎出圆形鸡蛋"的基本痛点需求，而且给用户提供了煎蛋锅的其他用法，为他们带来了更多的价值，如图 11-8 所示。

图 11-8　卖煎蛋锅的直播间案例

通过这种价值的传递，可以让用户对产品产生更大的兴趣。当用户对产品有进一步了解的欲望后，这时主播就需要和他们建立起信任关系。主播可以在直播间与用户聊一些产品的相关知识和技能，或者提供专业的使用建议，来增加用户对自己的信任。

总之，痛点就是通过对人性的挖掘，来全面解析产品和市场；痛点就是正中用户的下怀，使他们对产品和服务产生渴望与需求。痛点就潜藏在用户的身上，需要商家和主播去探索与发现。"击中要害"是把握痛点的关键所在，因此，主播要从用户的角度出发来进行直播带货，并多花时间去研究找准用户痛点。

## 11.3.3　打造用户痒点

痒点，就是满足虚拟的自我形象。打造痒点，也就是需要主播在推销产品时，帮助用户营造美好的梦想，满足他们内心的渴望，使他们产生实现梦想的欲望和行动力，这种欲望会极大地刺激他们的消费心理。

例如，在下面这个卖保温杯产品的直播间中，主播通过演示产品耐高温和便于携带的特点，来解决用户外出喝水的基本痛点，如图 11-9 所示。同时，该产品还具有智能显示温度的功能，这就是一个让用户向往美好生活方式的痒点，让他们的心里变得痒痒的，希望自己也能有一个这样的产品。

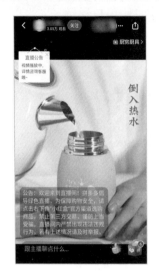 

图 11-9　卖保温杯产品的直播间案例

## 11.3.4　满足用户爽点

爽点，即用户由于某个即时产生的需求被满足后，就会产生非常爽的感觉。爽点和痛点的区别在于，痛点是硬性的需求，而爽点则是即刻的满足感，能够让用户觉得很痛快。

对于主播来说，想要成功把产品销售出去，就需要站在用户的角度来思考产品的价值。这是因为在直播间中，用户作为信息的接收者，很难直接发现产品的价值，此时就需要主播主动去帮助用户发现产品的价值。

而爽点对于直播间的观众来说，就是一个很好的价值点。例如，在下面这个卖文具产品的直播间中，主播展示了多款削笔器产品，其中手摇削笔器可以满足削铅笔的基本需求，而全自动的削笔器则无须手摇，让削铅笔更加轻松，如图 11-10 所示。这就是通过抓住用户的爽点，即时性地满足了他们的需求。

当主播触达更多的用户群体，满足用户和粉丝的不同爽点需求后，自然就可以提高直播间商品的转化率，成为直播带货的高手。

图 11-10 卖文具产品的直播间案例

**专家提醒**

痛点、痒点与爽点都是一种用户欲望的表现，而主播要做的就是，在直播间通过产品的价值点，来满足用户的这些欲望，这也是直播带货的破局之道。

# 第12章

# 提升产品销量

　　有时主播觉得自己做得还不错，但产品的销量就是上不去。这可能是因为主播的销售技巧和方法还不够完善，对提升产品销量没什么帮助。本章主要介绍销售技巧的优化方法和提升直播间转化率的方法。

# 12.1 优化销售技巧

主播要想打动直播间用户的心，让他们愿意下单购买，就需要先锻炼好自己的直播销售技能。本节将分享一些直播销售的优化技巧，来帮助主播更好地进行直播卖货工作。

## 12.1.1 优化点击率

从整个抖音盒子直播间的用户购物路径上进行分析，可以分为引流、主播吸引力和主播销售能力这 3 个部分，如图 12-1 所示。

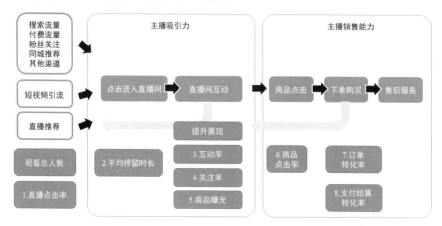

图 12-1 直播间用户的购物路径

首先，主播要从各个渠道去提升直播间的展现量(即曝光率)，当直播间有了引流的通路后，还需要给用户一个让他们点击的理由，也就是说，用户看到了主播的直播间后，如何让他们主动去点击进入直播间呢？

对于直播带货来说，用户最先看到的是直播间的封面和标题，只要这些内容让他们产生好的印象，就能够获得好的点击率。下面介绍一些直播封面的优化技巧。

(1) 版式设计。封面图片的整体版面要饱满，一目了然，商品图片的大小和位置要合适，不能有太多的空白。主播可以从多个角度来展示商品，让用户更全面地了解商品。

(2) 颜色设计。商品的颜色要醒目，要有视觉冲击力，同时和背景的颜色对比要明显，不要在图片中添加太多的颜色，否则会显得喧宾夺主，影响商品的表达。图 12-2 所示为正确的封面颜色设计案例，可以看出黑色的商品与灰色的背景之间层次非常分明，能够更好地突出商品。

(3) 符合实际。图片中的商品不能过于美化，要符合真实情况，而且千万不要盗用别人的图片。

(4) 提炼卖点。在设计封面时，可以将产品卖点放进去，这样能够更好地吸引有需求的用户点击和购买，如图 12-3 所示。

图 12-2　正确的封面颜色设计案例　　　　图 12-3　提炼卖点的封面设计案例

除了直播封面图外，标题和福利对于点击率的影响也非常大。优质的卖货直播间标题需要明确直播主题，突出内容亮点。下面是卖货类直播标题的常用模板。

(1) 模板 1：使用场景/用户痛点+商品名称+功能价值。

(2) 模板 2：情感共鸣型标题，更容易勾起用户的怀旧心理或好奇心。

(3) 模板 3：风格特色+商品名称+使用效果。

(4) 模板 4：突出活动和折扣等优惠信息。

## 12.1.2　优化互动方法

做直播带货，提升用户停留时长和互动氛围是相当重要的，这些数据不仅可以提升直播间的热度，让平台给直播间导入更多的自然流量，还可以提高用户下单的概率。提升直播间用户停留时长与互动的关键因素包括以下几点，如图 12-4 所示。

主播可以通过直播间提供的一些互动功能，来增加和用户的互动频率，这样不仅能够增强老粉丝的黏性，还可以迅速留住新进来的用户，同时有效引导关注和裂变新粉丝。

另外，主播还可以在直播间设计一些互动小游戏，来增加用户的停留时长，这样才能有更多的互动、点击、加购和转化的可能。互动游戏可以活跃直播间的氛围，让用户产生信任感，从而有效吸粉和提升商品销量。

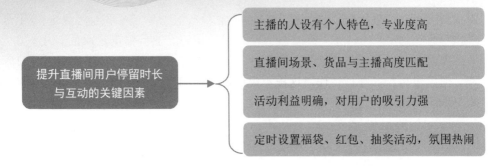

图 12-4　提升直播间用户停留时长与互动的关键因素

例如，刷屏抽奖是一种参与门槛非常低的直播互动玩法，主播可以设计一些刷屏评论内容，例如"关注主播抢××"等。当有大量用户开始刷屏评论后，主播即可倒计时截屏，并给用户放大展示手机的截图画面，告诉用户中奖的人是谁。

## 12.1.3　优化产品的转化率

优化产品的转化率是指当用户进入直播间并长时间停留后，如何让用户达成更高的成交额。主播需要熟悉直播间规则、直播产品以及店铺活动等知识，这样才能更好地将产品的功能、细节和卖点展示出来，从而引导用户在直播间下单。

图 12-5 所示为直播间推荐产品的一个基本流程，这套流程能够让主播尽量将有效信息传递给用户。同时，主播说话要有感染力，要保持充满激情的状态，制造出一种产品热卖的氛围，利用互动和福利引导用户下单。

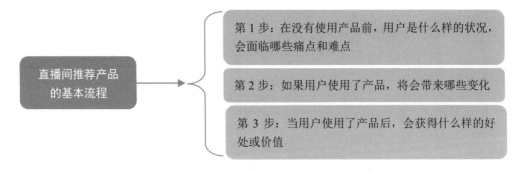

图 12-5　直播间推荐产品的基本流程

## 12.1.4　优化复购率

对于那些带货时间长的主播来说，肯定都知道维护老客户、提升复购率的重要性。通常情况下，开发一个新客户需要花费的成本(包括时间成本和金钱成本)等于维护10个老客户的成本。

然而，新客户为主播带来的收入，往往比不上老客户。因此，主播需要通过口碑的运营，做好老客户的维护工作，这样不仅可以让他们更信任主播，而且还会带来更多的效益。图12-6所示为维护老客户的主要作用。

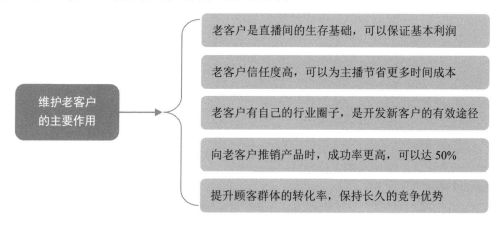

图 12-6 维护老客户的主要作用

老客户都是已经在直播间下过单或者熟悉主播的人，他们对于主播已经有了一定的了解，主播可以定期维护，让老客户知道主播一直关心、在乎他们，来促进他们的二次消费。

主播想要获得长期稳定的发展，形成品牌效应或者打造个人IP，那么维护老客户是必不可少的一环。因此，主播需要了解用户的需求和行为，做好老客户的维护工作，将潜在用户转化成忠实粉丝，相关技巧如图12-7所示。

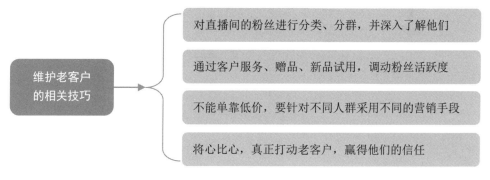

图 12-7 维护老客户的相关技巧

## 12.2 提升转化率

很多主播看到别人的直播间中爆款多、销量好，难免会心生羡慕。其实，只要主播用对方法，也可以提升直播间的转化率，打造出自己的爆款产品。本节主要介绍 4 个提升直播间转化率的方法，让直播间的销量轻松翻倍。

### 12.2.1 选择合适的主播

一般来说，直播带货的主播通常包括网红带货达人、外部直播机构和店铺自家主播这 3 类，其优、缺点如图 12-8 所示。

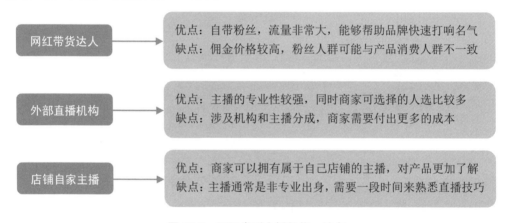

图 12-8　不同类型主播的优、缺点

在选择主播时，要从实际情况和需求出发，找到最合适的主播人选。选择带货主播的基本要求如图 12-9 所示。

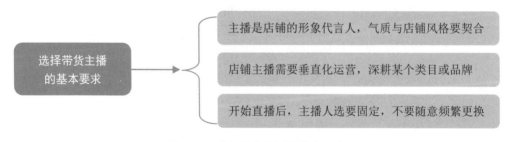

图 12-9　选择带货主播的基本要求

主播需要对自己带货的商品了解得足够专业，知道自己在卖什么，掌握商品的相关信息，这样自己在直播的过程中，才不会出现没话可说的局面。同时，主播还要学会认识自己的粉丝，最好可以记住他们的喜好，从而有针对性地向他们推荐产品。

## 12.2.2 选对带货产品

在直播带货中，产品的好坏会影响用户的购买意愿，主播可以从以下几点来选择带货产品。

### 1．选择高质量的产品

直播带货中不能出现假货、"三无"产品等伪劣产品，这属于欺骗消费者的行为，平台会给予严厉惩罚，因此，主播一定要本着对消费者负责的原则进行直播。

观众在主播的直播间进行下单，必然是信任主播的，主播选择优质的产品，既能加深用户的信任感，又能提高产品的复购率。因此，主播在直播产品的选择上，可从以下几点出发，如图 12-10 所示。

图 12-10　选择直播产品的出发点

### 2．选择与主播人设相匹配的产品

如果是网红或者明星进行直播带货，在产品的选择上，首先，可以选择符合自身人设的品牌。例如，作为一个美食爱好者，那么主播选择的产品一定是美食；作为一个健身博主，则主播选择的产品可以是运动服饰、健身器材或者代餐产品等。其次，产品要符合主播人设的性格。例如，某明星要进行直播带货，这个明星的人设是"鬼马精灵，外形轻巧"，那么所进行直播带货的产品，品牌调性可以是有活力、明快、个性、时尚或者新潮等风格的产品；如果主播是认真且外表严谨的人设，那么可以侧重于选择具有优质服务的高品质产品。

### 3．选择一组可配套使用的产品

主播可以选择一些能够搭配销售的产品，进行"组合套装"出售，还可以利用"打折""赠品"的方式，吸引用户观看直播并下单。

用户在直播间购买产品时，通常会与同类产品进行对比，如果主播单纯利用降价或者低价的方式，可能会让用户对这些低价产品的质量产生担忧。

但是，如果主播利用搭配销售产品的优惠方式，或者赠品的方式，既不会让用户对产品的品质产生怀疑，也能在同类产品中体现出一定的性价比，从而让用户内心产生"买到就是赚到"的想法。

例如，在服装产品的直播间中，主播可以选择一组搭配好的服装进行组合销售，这样既可以让用户在观看直播时，因为觉得搭配好看而下单，还为不会搭配的用户解决了搭配的问题。

#### 4．选择一组产品进行故事创作

主播在筛选产品的同时，可以利用产品进行创意构思，加上场景化的故事，创作出有趣的直播带货脚本，让用户在观看直播的过程中产生好奇心，并进行购买。

故事的创作可以是某一类产品的巧妙利用，介绍这个产品并非平时所具有的功效，在原有基础功能上进行创新，为用户带来惊喜感。另外，直播的创意构思也可以是多个产品之间的妙用，或者是产品与产品之间的主题故事讲解等。

## 12.2.3　锻炼销售技能

主播要想打动直播间用户的心，让用户愿意下单购买，就需要先锻炼好自己的直播销售技能。下面将分享一些关于直播销售的心得体会，来帮助主播更好地进行直播卖货工作。

#### 1．转变身份

直播销售是一种通过屏幕和用户交流、沟通的职业，它必须依托直播方式来让用户产生购买行为，这种买卖关系使得主播会更加注重建立和培养自己与粉丝之间的亲密感。

因此，主播不再是冷冰冰的形象或者单纯的推销机器，而渐渐演变成为更加亲切的形象。主播会通过和用户实时的信息沟通，及时地根据用户的要求来进行产品介绍，或者回答用户提出的有关问题，实时引导用户进行关注、加购和下单等操作。

#### 2．管好情绪

主播在直播卖货的过程中，为了提高产品的销量，会采取各种各样的方法来达到自己想要的结果。但是，随着主播行业的竞争越来越大，每一个主播都在争夺流量，想要吸引粉丝、留住粉丝。

毕竟，只有拥有粉丝，才会有购买行为的出现，才可以保证直播间的正常运行。

在这种需要获取粉丝流量的环境下，很多主播开始延长自己的直播时间，而商家也开始采用多位主播来轮岗直播的方式，以此获取更多的曝光量，被平台上的更多用户看到。

这种长时间的直播，对于主播来说，是一件非常有挑战性的事情。因为主播在直播时，不仅需要不断地讲解产品，还要积极地调动直播间的氛围，同时需要及时地回复用户所提出的问题，可以说是非常忙碌的，会感到极大的压力。

在这种情况下，主播就需要做好自己的情绪管理，保持良好的直播状态，使得直播间一直保持热烈的氛围，从而在无形中提升直播间的权重，获得更多流量推荐。

### 3．用好方法

直播销售是一种需要用户掏钱购买商品的模式，而主播要想让用户愿意看自己的直播，愿意在自己的直播间花钱购买商品，还愿意一直关注自己，成为忠实粉丝等，都不是一件简单的事情。

主播不可能随随便便就让用户愿意留在直播间，也不可能一味地向用户说这个产品有多么好，就可以让用户下单购买。因此，主播需要掌握合理的直播销售方法，这样才能在一定程度上留住用户，提升直播间的销售额。图 12-11 所示为直播带货的产品介绍流程。

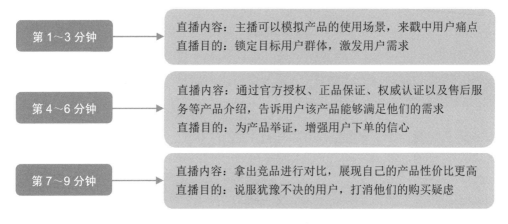

图 12-11　直播带货的产品介绍流程

## 12.2.4　活跃直播间气氛

直播间的互动环节，主要目的在于活跃气氛，让直播间变得更有趣，避免产生尴尬场的状况。主播可以多准备一些与用户进行互动交流的话题，具体如图 12-12 所示。

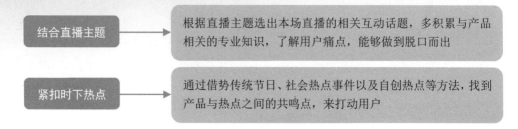

| 结合直播主题 | 根据直播主题选出本场直播的相关互动话题，多积累与产品相关的专业知识，了解用户痛点，能够做到脱口而出 |
| 紧扣时下热点 | 通过借势传统节日、社会热点事件以及自创热点等方法，找到产品与热点之间的共鸣点，来打动用户 |

图 12-12　找互动话题的相关技巧

另外，在直播间中，主播除了需要充分展示产品的卖点外，还需要适当地发挥自己的个人优势，利用一些直播技巧来活跃直播间的氛围，从而提升用户的黏性和转化率，相关技巧如图 12-13 所示。

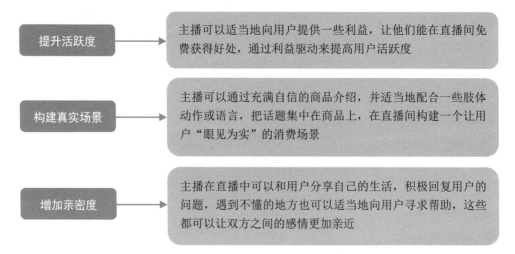

| 提升活跃度 | 主播可以适当地向用户提供一些利益，让他们能在直播间免费获得好处，通过利益驱动来提高用户活跃度 |
| 构建真实场景 | 主播可以通过充满自信的商品介绍，并适当地配合一些肢体动作或语言，把话题集中在商品上，在直播间构建一个让用户"眼见为实"的消费场景 |
| 增加亲密度 | 主播在直播中可以和用户分享自己的生活，积极回复用户的问题，遇到不懂的地方也可以适当地向用户寻求帮助，这些都可以让双方之间的感情更加亲近 |

图 12-13　活跃直播间氛围的技巧

其实，直播卖货的思路非常简单，无非就是"重复引导(关注、分享)+互动介绍(问答、场景)+促销催单(限时、限量与限购)"，主播只要熟练使用这个思路，即可轻松在直播间卖货。